高效能沟通

——任何场合高效说服任何人

子语 编著

吉林出版集团股份有限公司

图书在版编目（CIP）数据

高效能沟通：任何场合高效说服任何人/子语编著
. -- 长春：吉林出版集团股份有限公司，2019.1
　ISBN 978-7-5581-6178-0

　Ⅰ.①高… Ⅱ.①子… Ⅲ.①人际关系学 – 通俗读物
Ⅳ.① C912.11-49

中国版本图书馆 CIP 数据核字（2019）第 005640 号

GAO XIAONENG GOUTONG RENHE CHANGHE GAOXIAO SHUOFU RENHE REN

高效能沟通——任何场合高效说服任何人

编　　著：子　语
出版策划：孙　昶
项目统筹：郝秋月
责任编辑：刘　洋
装帧设计：韩立强
出　　版：吉林出版集团股份有限公司
　　　　　（长春市福祉大路 5788 号，邮政编码：130118）
发　　行：吉林出版集团译文图书经营有限公司
　　　　　（http://shop34896900.taobao.com）
电　　话：总编办 0431-81629909　营销部 0431-81629880 / 81629900
印　　刷：天津海德伟业印务有限公司
开　　本：880mm×1230mm　　1 /32
印　　张：6
字　　数：130 千字
版　　次：2019 年 1 月第 1 版
印　　次：2019 年 7 月第 2 次印刷
书　　号：ISBN 978-7-5581-6178-0
定　　价：32.00 元

印装错误请与承印厂联系　　电话：022-82638777

在我们的日常生活和工作学习中，无论是说话聊天，还是上台演讲，都是在通过语言与他人进行沟通。沟通过程中，清晰的语言表达、高效的沟通能力、有力的说服技能都可以有效提升你的形象。

人们学会运用语言，不仅是为了表达自己的想法和意思，更是为了与他人更好的交流沟通，从而影响他人，在这个世上拥有更好的社交关系和生活状态。很多人自以为自己能言善辩，但是如果仅仅停留在表达自我的层面，而没有具备让他人倾听并理解的能力，那语言的沟通功能就缺失了。

很多人试图去影响某人时，好像在玩心理游戏，他们在有意识地让他人去做自己想让他做的事。这种做法并不真诚，而且很容易让人反感。

很多人为了影响他人，需要不断地改变立场，根据想要影响的人以及不同的情况，使用不同的策略，表现出性格的不同面。

这不仅不自然，而且需要费很大的力气才能做到。

真正会交流的人，不仅能快速表达自己的观点，还能有效捕捉别人的想法，从而实现高效能沟通。高效能沟通，是一种能力，更是一种可以通过训练获得的技能。如果你能够掌握并且熟练地运用它们，你将会从中获得巨大的收获，扩大自己的影响力，从而改变人生命运，成就事业。

不管在何时何地，我们都离不开与人交流、沟通。在与他人打交道的过程中，会高效能沟通，能够有效说服他人，都是非常必须且必要的能力。

本书通过深入浅出的剖析、贴近生活的案例，用简洁明了的语言从各个角度、全方位介绍如何才能利用语言的艺术、巧妙地说服别人、从而达到自己的意图和目的。

不仅适用于想要培养表达能力、实现自我突破的初学者，也适用于积累了一定的沟通技巧、渴望获得进一步提升的人，同样更适用于所有需要推销自我、表述观点、说服他人、取得效果、获得成功的人。

目录

第一章　DI YI ZHANG

所谓高效能沟通，就是不同场合说服不同的人

第二章　DI ER ZHANG

想说服他人，就要把握第一印象

第五章　DI WU ZHANG

想要高效沟通，让自己的语言更有说服力

第六章　DI LIU ZHANG

沟通有策略，不仅让人听得懂，更要愿意听

第一章

DI YI ZHANG

所谓高效能沟通，
就是不同场合说服不同的人

说服他人靠的是脑袋而非光靠口才

大多数人认为，说服别人肯定要靠好口才。其实光有好口才还不能完全达到目的，有个聪明的大脑才是说服的根本。假如空有好口才而不知用智慧来支配口才，不把握说话的分寸，好口才也可能成为毁灭你前程的罪魁。所以，在与他人相处时，不要逞一时之快，说话不可直来直去，招人反感。

历史上有个楚襄王，他整日不务正业，不思进取，只顾个人享乐，不理朝政，而且听信奸臣和谗言，结果一而再，再而三地被秦国攻城略地，江山社稷岌岌可危。

尽管如此，软弱的楚襄王依然不打算奋起反抗，而是一味地妥协退让，满怀希望地期待秦国人会良心发现，适可而止。

楚襄王的这种做法，让很多关心国家安危的忠贞大臣们十分着急，大臣们纷纷进谏，但楚襄王一个也听不进去。有的大臣甚至屡次进谏都没能获得成功，反而遭到楚襄王的无理呵斥，说他们多言滋事，危言耸听。

这时，朝中有一位足智多谋的大臣，名叫庄辛。庄辛见楚襄王不顾国家的日渐衰亡，他看在眼里，急在心上，又见众人劝说无效，决定亲自去找楚襄王。

这天，庄辛看楚襄王正在花园赏花，就走了过来。楚襄王见庄辛朝自己走来，知道又是来劝谏的。楚襄王打定主意，无论庄辛说什么，自己都不听。所以等庄辛来到他身旁时，他只瞄了庄辛一眼，一言不发。

庄辛明白，自己若是直接劝解，肯定会与其他大臣一样无功而返，楚襄王是听不进去的，只有另辟蹊径，或许才能进谏成功。

这时，恰有一只蜻蜓飞来，庄辛马上找到话题说："大王，您看见那只蜻蜓了吗？"

楚襄王一听，感到有些意外，他不直接劝说却说蜻蜓，便说："看见了，有什么特别吗？"

庄辛继续说："瞧瞧，它活得多舒服呀！吃了蚊子，喝了露水，停在树枝上休息，自以为与世无争，世人不会对它怎样，但它哪里知道，树下正有个小孩拿了黏竿等着它呢！顷刻之间，它就会坠于地下，被蚂蚁所食。"

楚襄王听了，面露凄然之色。

庄辛又说："您看到那只黄雀了吧？它跳跃在树枝上，吃野果，喝溪水，自以为与世无争，世人不会对它怎样，但它哪里知道，树下正有个童子，拿着弹弓对准了它。顷刻之间，它就会坠下树来，落在童子手中。"

楚襄王听了，开始面存惧色。

庄辛又说："且不说这些小东西了，再说那鸿鹄吧！它展大翅，渡江海，过大沼，凌清风，追白云，自以为与世无争，乐得逍遥自在，世人不会对它怎样，但它哪里知道，地上正有个射手搭弓上箭，已瞄准了它，顷刻之间，它就要坠下地来，成为人间美味呢！"

楚襄王听了，惊起了一身鸡皮疙瘩。

庄辛又说："禽鸟的事不足论，再说一下蔡灵侯吧。蔡灵侯左手抱姬，右手挽妾，南游高陂，北游巫山，自以为与世无争，别人不会对他怎样，哪知子揽已奉了楚宣王的命令，前去征讨他而夺其地，顷刻之间，蔡灵侯死无葬身之地。"

楚襄王听了，吓得手脚抖动起来。

庄辛又说："蔡灵侯的事远了，咱说眼前吧。大王您左有州侯，右有夏侯，群小包围，日夜欢娱，自以为与别人无争，会得到别人的容忍，哪知秦国的穰侯已得了秦王之令，正率重兵向我国进发呢！"

听了庄辛的这些陈述，楚襄王的脸色一点点变白，浑身发抖，他决心痛改前非，重振国威。庄辛的进谏忠心可嘉，楚襄王为此奖赏了他；庄辛又因劝君有方，被加封为阳陵君。自此，楚襄王励精图治，与秦人一争高下。

由此看来，在说服他人时，如果采取迂回的方法，既可以让他人明白自己的错误与过失，又能够使他欣然接受、乐于改正。庄辛要说的话和其他臣子一样，都是要劝楚襄王振作起来，但别人的话楚襄王听不进去，庄辛的话却让楚襄王吓得全身发抖。为什么呢？只因为庄辛在说服中拐了一个弯儿，采用了迂回战术。

他抓住了两个关键点，一是把国家的生死和楚襄王的生死利害关系连在一起；二是用画面和实例来吓楚襄王，让楚襄王听了这些话就想到具体画面。当他想到其他人如蔡灵侯的真实下场时，自然就会想到自己的下场。

说服他人靠的是头脑而不是口才，所以在劝人时不可直来直去、正面交锋，直白的语言很可能招人反感，而采取迂回的战术，让他人明白自己的过错，才能出奇制胜。

在生活中，随时可能遇到要说服别人的情况，如果不掌握技巧，仅凭好的口才很难达到理想效果。要想更好地达到说服的效果，就要靠脑袋来支配口才，具体从以下几点做起：

1. 从细节了解别人的意见和看法

要想说服别人，首先要清楚别人的意见，知道他们的想法，才能采取有效的语言进行说服。了解得越多，言语的说服力就越大。

想提高自己说服的效果，就要想办法接近对方，注意他们的日常表现，研究分析对方的行为动机和心理活动。

2. 用内涵提升说服力

在与人争辩强调自己的观点时，要表现出风度，注意适可而止。即使你的观点很正确，也切忌把对方"赶尽杀绝"，别让他在众人面前颜面扫地，给别人留足面子，自然就在别人的心里种下了感激和信服。

总而言之，说服他人不是强硬地把自己的观点塞进别人的脑袋里，也不是仅仅靠口吐莲花就能达到。而是要动用智慧，采用各种合理的方法和语言表达在人群里树立良好的声誉和信服力。

对不同的人要采取不同的说服方式

不同性格的人，对接受他人意见的方式和敏感程度是不一样的。在说服别人的过程中，要根据说话对象的不同，改变说话方式、语气和措辞，这样说出来的话才容易被对方接受，达到说服他人的目的。

在生活中，每个人的性格都全然不同。比如有人个性强，有人则比较感性，有人较虚荣等等，而且每个人的行为动机和需求也不尽相同。所以，要想说服他人就要因人而异，一把钥匙开一把锁。根据对象的实际情况如年龄、身份、文化修养、性格、彼此间的熟悉程度等方面，采取不同的说服方式和语言技巧来增加自己的说服力。

一家工厂精减人员，一位女员工由办公室被精简到一线。这位女员工很想不开，觉得厂长有意针对她，要求厂长立即给她办病休手续，要吃劳保。这天，她又要到厂长办公室吵闹，一位负责人事的干部叫住了她："大姐，咱姐妹不错，我有几句贴心话想和你说说。"

这位女员工一落座，就诉起苦来。她始终认为，把她裁到一线是厂长有意整她。等她说完，这位人事干部说："大姐啊，你说厂长整你，我看可能是你多心了。厂里这次精简裁员下岗了三十多人，你们办公室裁了3个人，而你只是被裁到车间，活虽然比以前辛苦点，可是多干多得，这不比在办公室里拿那几个固定工资强？"

她边说边观察那位女员工的变化，看到对方脸上阴沉的表情有所缓解，又接着说："大姐啊，你就为一口气而要吃劳保，可是太不合算呀！咱们已经这个岁数了，再做几年就该退休了。假如你现在吃劳保，到退休时工资只能拿70%，那你不亏大了？你想想，咱辛辛苦苦一辈子，真就差这么几天就熬不下来了？大姐，你琢磨琢磨，我说的有道理没？"

说到这里，这位女员工脸上露出了笑意。她拉住人事干部激动地说："你算把你的傻大姐给说醒了！人在事中迷，就怕没人提。我倒把这茬儿给忘了。我听你的，明天就到一线！"第二天她就痛痛快快下了车间。

从上面故事中不难看出，想要说服对方，就要知道对方的"心结"所在。从对方的实际情况着手，有针对性地进行说服。由此可见，要根据不同说服对象的性格使用不同的说服方法。对一些人只需把道理讲清即可，可另外一些人却要从情感着手。同样的内容，要用不同的方式表达。

所以有人就很想不开：明明给他人的是一个很好的意见，却不被他人接受。这就是因为他没分清说服对象，都采用同一种说服方法，所以很难顺利达成目标。从下面一个故事里也许可以得到一些启发：

公元 208 年，刘备兵败樊口，无力反击。要与曹军抗衡，必须与孙权联手，于是他派诸葛亮前往江东说服孙权。

孙权手下的谋士大都主张降曹自保，只有鲁肃主张联刘抗曹。诸葛亮到了东吴，鲁肃就明确地向诸葛亮表示，见了孙权之后，一定不能说曹操兵多将广。诸葛亮没有直接承诺会像鲁肃所说的那样来应对孙权，只是说他自会随机应变。

当孙权向诸葛亮问曹操兵力如何时，诸葛亮说："据说曹操屯兵百万，可实际上并不止这个数字。所以，在这个时候，彼此联盟是明智的选择。"孙权很惊讶地问："那为什么兵力比东吴还弱的刘备敢和曹操抗衡呢？"诸葛亮说："我的主公是为了要匡扶大汉江山，所以和曹操一战是必不可少的。这是正义之战，兵力是次要的问题。为了东吴的安全着想，所以劝说你和我的主公联手抗曹。"听了诸葛亮的这番话，孙权也立志要和曹操决一胜负。于是蜀吴两国合力对抗曹操，成就了历史上著名的以少胜多的赤壁之战。

诸葛亮知道孙权虽然年少，缺乏对敌经验，但却不是简单的人物。如果把敌方的兵力说弱了，或许他就不会与刘备联盟了，所以反而以强调敌人的强大，激起他的斗志。由诸葛亮游说孙权的例子中可以证明，诸葛亮说服他人"看人说话，说话因人而异"是成功的。

社会交际中，难免会遇到与自己相悖的人。在说服之前要有备而来，不同的人采用不同的说服方法，这就要求我们必须具备丰富的知识和经验。所以为了能具备这种说服的才能，就得体会各种经验，使自己的见识进一步增加，具体可以考虑以下几个因素：

·不同年龄段和不同的性格：面对年轻人或性格直爽的人，你可以直入话题，要多用正话反说的方式；面对中年人或谨小慎微的人，应慢言细语、陈述利害，以供他们思考、斟酌；面对生性多疑的人，切忌时时表决心，而应不动声色，由他自己消除疑惑；面对老年人，应采用商量的方式，以示对他们的尊重。

·不同的工作性质和兴趣爱好：如果从被说服者从事的职业或不同的兴趣着手，运用对方所熟知的专业或感兴趣的话题打开局面，对方对你的信任程度就会加深。每个人对别人提起自己擅长的领域都会产生好感，说服工作便能事半功倍。

·不同的文化修养：面对文化程度较低的人，要用通俗易懂的语言，简明扼要地说明道理，多使用具体的事例和数字；面对文化修养较高的人，要多用书面语言和抽象的哲学说理。

总之，说服别人必须要看对象、看场合，针对不同的人采用不同的说服方法也是我们要掌握的说服他人的技巧之一。

先获得对方的好感，再委婉地商量

要想在一场谈话中开个好头，先获得对方的好感，趁对方心神愉快时再提出自己的观点，相信对方更容易虚心接受，而且还会感激你。但如果你较为直接地提出自己的观点，纵然出发点是好的，也难免会激起对方的逆反情绪，甚至适得其反。

广告设计师魏明为客户做了一个方案，连续改了几次，客户还不是很满意，魏明也很不耐烦，说什么也不想改了。老板让魏明的好朋友黄雨去说服魏明再修改方案。黄雨开始也不知道怎么说才算好，后来他想了一下，就去对魏明说："最近你搞的方案应该是不错的，比较漂亮，老板看了也说好。不过，有个问题想跟你探讨一下，就是内容上是否可以再精确一些。我帮你一起搞怎么样？"

黄雨说的话先扬后抑，语气婉转，听不出有什么批评的意思，魏明自然容易接受，事情也就顺利解决了。显而易见，人都容易先入为主，前面赞扬的话让他很受用，后面的意见听起来就是好意，对方自然就听得进了。所以无论在对朋友说话还是说服别人时，都应该以礼相待，注意说话时的语气口吻，像"不过""当然""如果""可能""能否"这些委婉的词语应该多使用，这样双方就容易沟通和交流。

说服一个人是否能顺利成功，很大程度上取决于说服时采用的态度和方式。没有人喜欢被别人指手画脚，如果一味地讲道理或再三强调自己的看法，不难发现，除了别人的厌恶和不满之外，将一无所获。虽然古话说"良药苦口利于病，忠言逆耳利于行"，假如良药不再苦口，效果或者会更好。

一位13岁的男孩辍学了，整天无所事事，打着"自己养活自己"的幌子，离家出走找工作，几夜未归，结果工作没找到，自己没能养活自己，反倒参加了一次打群架。母亲望着一身野气、又瘦又脏的孩子，痛楚了几天的心更加痛楚。疼、气、爱、恨以及对未来的忧虑，使她一下不知从何说起。顿了一下，她说："妈妈心里明白，你出去是为了找工作，为了给自己、给父母争气，也为了减轻妈妈的负担，让妈妈看到你成人而高兴。你能这么懂事，体谅大人，我很高兴。但是……"看到儿子羞愧地低下了头，妈妈又转了话锋，"不管怎样，你已经知道怎样对自己负责了，妈妈相信你以后不会做出对自己前途没好处的事。"

这位母亲没有吵嚷、打骂。而是先给予孩子肯定，再委婉地提出自己的意愿。由此可以看出，好的谈话者能够从对方的心中找出容易接纳自己的点，从而缩短与对方的距离，获得对方的好感。

如果在说服中一定要说一些对方不容易接受的话，比如明确指出对方的缺点、错误或改变对方的观点时，首先要考虑到对方能否接受。如果一开口就直指问题，对方肯定会有抵触情绪，这时候，绕个弯子说问题就显得很有必要了，先讲一些对方爱听的话，或者赞扬对方一番，然后再转入正题，就能达到想要的效果。

当然为了获得对方的好感，并不是无原则地一味讨好、迁就对方，而是指在坚持原则的前提下，更好地把握说服的分寸和方式。生活中，每个人都是平等的，想得到最佳的说服效果，不妨在说服的前面，先做好一层甜蜜融洽的铺垫，让对方在欢愉中接受和肯定。

寻找对方感兴趣的话题或是满足对方情感方面的某种需要，就能赢得对方的好感，再适时地提出自己的观点，这是使说服取得圆满成效的一条捷径：

1. 寻求与对方保持一致

当你试图说服对方时，如果你越是使自己等同于他，就越具有说服力。因为你和他的相似度越高，他就越认同你，把你当成自己人。你的言行在他看来，就代表着他的需求，他对你的好感多过于排斥，这时你再委婉地提出自己最初的想法，对方就比较容易接受。

2. 创造友好的谈话气氛，与对方推心置腹

努力创造一种热情友好、轻松愉快的谈话气氛，从而消除对方的猜疑、警惕、排斥心理，这对后面说服工作的达成起很大作用。在说服对方的过程中，能否让对方感受到被尊重，不仅会影响到对方的心态、情绪，而且会影响到说服的效果。对方如果觉得自己在谈话中受到尊重，往往会变得更友好和热情。相反，如果对方的自尊心受到伤害，他常常会变得冷淡、消极、不服气或恼怒，甚至会反唇相讥以示愤怒，个别气量狭小者还有可能不顾一切后果图谋报复。

总而言之，在应用这种说服策略时，最关键的一点就是在给予别人认可和称赞以获得对方好感时，一定要表现出足够的真

诚，千万不要表现出是在敷衍了事，这样会引起对方的反感，从而无法达到想要的结果。

说服他人要以理服人

想要说服别人，最好的方法是针对具体问题，摆事实、讲道理，以理服人。如果靠一味的说教是难以奏效的。

自古以来，"动之以情，晓之以理"是劝导说服别人的最基本的两条原则。以理服人就要以事实为根据，阐明其中的道理，让对方从你讲的道理中认识到其正确性，从而接受你的观点，按照这种观点行事。

但要注意的是讲道理要针对要害，否则，喋喋不休，磨破嘴皮，也是隔靴搔痒，不能解决问题。因为，但凡处在被说服者的位置，往往是因为对某一问题有心结，想不开。所以，劝导说理一定要具体实在，既不能说空话、套话、大话，东拉西扯，也不能像做报告那样滔滔不绝，重点是实在的论证说理。

有这样一个故事：

春秋时期，鲁国人公输盘为楚国造了攻城的机械——云梯，楚国准备用它来攻打宋国。墨子听说这个消息后，就立即从鲁国动身，一连走了十天十夜，方才赶到楚国，拜会公输盘。

公输盘很客气地问："先生不远千里而来，有何见教？"

墨子故意说："北方有人侮辱我，我想借助您的力量杀了他。事成之后，我送您二百两黄金。"

公输盘听了以后很不高兴，断然拒绝道："岂有此理！我是讲仁义的，怎么能随便杀人呢？"

墨子见公输盘还自称是讲仁义的，便反驳他说："请允许我向您进言。我从北方听说您造了云梯，而且要拿去攻打宋国，可是宋国有什么罪呢？楚国多的是土地，缺少的是人。发动战争来杀害自己所缺少的人，而争夺自己已经足够了的土地，不能算是聪明；宋国没有罪，却要去攻打他，不能算是仁爱；懂得这个道理，却不据理力争，不能算是忠诚；争论达不到目的，不能算是坚强。杀一个人认为不义，却去杀许多人，恐怕也不能算会类推事理。"

墨子从不智、不仁、不忠、不义等方面说出一连串具有针对性话语，气势逼人，公输盘无从辩解，只得承认自己错了。

由此可见，以理服人，不但可以让人心悦诚服，还可以修身齐家治国平天下。给人以一片真心，那么对方就会回你一腔真诚，正所谓"投桃报李"。俗话说：势服人，心不然。理服人，方无言。如果用权势和武力去驱使别人接受你的意见，虽然对方可能会暂时屈服，但也会因此怀恨在心，伺机报复。以理服人，才能够使对方从心里佩服你，进而与你和睦相处。

说服他人时，切忌产生争执，"说"的目的是要达到让对方心服口服的效果。争执产生的原因是把个人成见当作说服依据，人普遍易犯的错误有两个：以己贬人和以己度人。要想以理服人，首先就要摒弃个人喜好，客观地对待对方的观点，按照他的思路分析，找出矛盾，再间接地提出自己的观点就更能以理服人。在整个说服过程中要尽量做到尊重他人，这样你的建议会更容易被他人所接受。

一次，唐代著名谏臣魏徵直言进谏，使唐太宗感到很难堪，太宗不由得对魏徵很是愤恨，回寝宫后，仍愤愤不平地说道："总有一天我要杀了那个乡下佬。"

长孙皇后听后，深感不安，便对太宗说道："曾听说陛下器重魏徵，只是不知其中缘故。今天听起陛下说魏徵直谏的事，此人果然能以大义劝止陛下感情用事，可称得上国家正直之臣！妾与陛下结发为夫妻，承蒙礼遇，情意深重。然而每当说话时还要观察陛下的脸色，不敢轻犯威仪，何况是臣下情疏礼隔呢？触犯龙颜是危险的，因此古时韩非曾说'说难'，东方朔也叹'谈何容易'，都是很有道理的。自古忠言逆耳，良药苦口。掌握国家的人以国事为重，听取忠言就会使社会安宁，拒绝忠言就会使政治紊乱。陛下详察其中道理，那么天下就幸运了。"

长孙皇后的话使唐太宗顿时醒悟，以后对魏徵更加器重。魏徵死后，他深感悲痛，亲临魏徵灵堂恸哭，追赠他为司空。

长孙皇后有理有据的劝导，不但化解了唐太宗的怒气，而且也使他最终改变了心意，从而免去了一场可能到来的悲剧。

以上事例共同说明，以理服人就要出言有据，事实确凿。为此，在实际应用中要注意以下几点：

1. 说理要透彻，举例要恰当

你的观点是否可信，取决于你所说的道理是否可信，你所说的事实是不是符合逻辑。这就需要在说服中针对实际的问题列举一些有说服力的事实，有理有据方能被他人所接受。

2. 了解对方观点，不以偏概全

在说服他人前，要对对方所持观点的依据有所了解，客观分析，不主观地全盘否定对方，因势利导、循循善诱是整个说服过程的指导原则。

总之，以理服人，并不是有理就能服人。要别人接受你的"理"才是最重要的，要善于运用一些技巧，用真心打动他人。

寓理于情，以情感人

常言道：动之以情，晓之以理，情不通则理不达。因此，从某种意义上来说，以情为先是进入对方内心世界、产生亲和力的重要因素。只有实现心灵的交流和情感的沟通，才能使对方心悦诚服。

人是有感情的动物，所以在待人接物时，话语中一定要充满着真情实意，这样才会产生语言魅力和感染力，从而取得圆满的实际效果。同样，要想把道理说得清楚，把事办得漂亮，也必须寓理于情。否则，就会事倍功半，背道而驰。

在一家大型酒店，一位外籍经理在检查客房时发现，房间里的各个角落都打扫得干干净净，几乎没有灰尘，床铺也很整齐。当他准备离开客房时却发现了一个严重的问题：茶几上的茶杯方向摆错了。

按照酒店要求，这几个茶杯的正确摆向应该朝向门口，好让客人一进门就看得见酒店的名字，借此传达酒店的品牌形象。但这种摆放方法，让客人无法在第一时间看到茶杯上酒店的名字。

外籍经理非常恼火，他当众批评了服务员的粗心大意，不负责任。而这位服务员虽然自知工作失职，但终因受不了被人当众斥责的尴尬与外籍经理当场顶撞起来。她认为这只是一件小事，是经理故意针对她小题大做。结果，双方相持不下，互不相让。

事后外籍经理与中国经理沟通后才恍然大悟，外国人管理讲究制度，中国人讲究人情，他当众指责服务人员的行为难免让服务员感到自尊心受损，下不了台。

第二天，外籍经理准备与顶撞他的服务人员进行沟通。

当外籍经理再次来到一个房间，他发现这位服务员正在整理，而且把茶杯的朝向也摆对了，他们相视而笑。外籍经理向服务员道了歉，认为自己不应该在众人面前挫伤她的自尊心。但是，他又进一步对这位服务员解释，杯子的摆法非讲究不可，因为它关系到酒店的品牌意识。

外籍经理寓理于情的态度让这位服务员分外感动。她从内心深处认识到自己工作的疏忽带来的后果。从此，她格外注意这方面的细节。

当然，外籍经理严格执行酒店的管理制度，讲究规范化、科学化，这都是对的。服务人员工作上的失职在先，才会有外籍经理当众训斥她的一幕发生。但是外籍经理忽略了一个重要事实，即由不同国情所带来的文化和管理上的差异。所以，外籍经理在说理过程中就事论事、缺乏人情味的工作方式和态度，是导致这次不愉快事件发生的重要原因。

如果在说服他人时能巧妙地运用情感技巧，动之以情，晓之以理，就能征服对方，使他不由自主地成为情感的"俘虏"。以情为先，攻心为上，以自身的情感优势化解对方的顽固，能够收到事半功倍的效果。白居易所说的"动人心者莫先于情"，就是这个道理。

不同的态度与工作方法收到了不同的效果。对他人表现得情真意切，关怀体贴，别人就容易愉快地接受你的观点；冰冷的态度、公事公办的言辞，往往会引起对方的逆反心理。没有心理上的沟通作基础，即使有理，也不一定能使人信服。

小方一向学习优异，父亲因生意失败，欠下很多债，但父亲仍想方设法借钱让其读书。小方很懂事，想不读书了，以帮助父亲减轻压力。于是他的同学在知道后劝他说："你父亲生意失败，家里困难，这是现实情况。但你父亲在这么困难的情况下仍送你来读书，就是希望你能有出息，将来比他强。依我看，这是你父亲生命中最重要的一笔投资，如果你现在不读了，我相信你父亲一定会很伤心。"小方在听了这番话语之后便很快振作起来，没过多久便成了年级的佼佼者。

感人心者，莫先乎情。人不仅具有理性，更是富于情感的动物。以情动人，是说服的必要前提。人类都是有感情的动物，"寓理于情"就是把"理"放到情感中去。在说服的过程中，"理"是核心，如果脱离了"理"，"情"就变成了盲目的情感。只有把"理"贯穿在"情"当中，用"理"统帅"情"，才能收到好的效果。

如果想让说服取得成功，就要做到情与理的密切结合、综合运用和交替转化。如果没有情感的配合，只说些抽象的道理，将缺少震撼人心的力量及共鸣，更难以使人折服，具体可以参考以下两点：

1. 从对方的角度思考

每个人都有自己想问题的观点和角度，有自己特定的意愿和需求。在说服对方接受自己的观点之前，先从对方的角度思考怎样才能更容易接受。把充分了解对方意愿和想法的工作做在说服之前。如果只凭自己个人主观，认为怎样好就怎样做，容易导致说服失败。

2. 以事实引路，激发情感

想要取得良好的说服效果，就要从说服内容和被说服者的思想实际出发。在说服过程中有针对性地引用一些特例，再用真诚的态度讲明个中利害，引起对方情感的共鸣，自然而然地就达到想要的效果。

　　总之，在说服中，晓之以理是重要的一方面，以情动人则更是一个不可忽略的方面。情与理结合，理借情动人，这就是说服别人的最有效的方法之一。

第二章

DI ER ZHANG

想说服他人，
就要把握第一印象

第一次见面就打开人心扉的开场白

顾名思义，开场白开得不好就等于白开场。人与人见面讲究第一印象，俗话说："好的开始是成功的一半。"就是说开场白非常重要。

俄国大文学家高尔基说："最难的是开场白，就是第一句话，如同在音乐上一样，全曲的音调，都是它给予的。平常却又得花好长时间去寻找。"高尔基的这段话包含两层意思：第一，第一句话至关重要，它的作用如同音乐的定调，规定着全曲的基本面貌和基本风格。第二，适当的第一句话不是那么容易找到的，它是长期积累和斟酌钻研的结果。

开场白应达到三大目的：一是拉近距离，二是建立信任，三是引起兴趣。而这三点之中，最重要的就是第一点。只有与对方的距离拉近了，才能顺利地与对方建立信任，引起对方的兴趣。不要小看这短短的开场白，它将决定此后你所说的每一句话的命运。听者将根据你给他留下的第一印象来决定是否耐心并真诚地聆听你后面所说的话。因此，只有开场白以其新颖、奇趣或敏慧之美让对方走进你的话语世界，才能掌控住对方的注意力，从而为接下来要说的话搭梯架桥。

开场白虽然没有千篇一律的固定格式，但是你却可以根据具体的情况去选择合理模式设计一个开场白。

1. 问句开场白

一些有经验的演讲者都会选择在演讲开始的时候先提出一个问题，使听众按照他的思路去思考问题，同时产生一种想知道答案的欲望，听众的精力自然就被集中了。我们讲开场白的时候也可以效仿那些演讲者，以问句作为开始。这样就可以立刻抓住对方的注意力，让对方紧跟你的话语本身，无法逃脱。

但有一点要注意的是，我们提出的问题要恰到好处，不宜过多，达到抛砖引玉的目的即可，否则只会适得其反。

2. 以小故事作为开场白

为开场白准备的小故事，可以是寓言，也可以是引人发笑的小笑话，但一定要吸引对方且与自己的话题相关。

引人发笑的故事本身就具备引起人兴趣的魔力，如果运用得当，将是非常好的开场白。但是如果你没有幽默的禀赋，以一副严肃的面孔讲幽默故事，是收不到预期效果的；如果对方听不懂你的幽默，效果将更加糟糕。

大多数情况下，只要这个故事有具体的时间、地点、人物与故事情节，并且与你要讲的主要内容相契合，那么这个小故事就已经合格，具备吸引对方的特征。

3. 赞美式的开场白

人人需要赞美，人人也都喜欢赞美。因此当你做开场白的时候，就可以用上这一招。对听者家乡的自然风光、悠久历史、传统风貌等表示自己的敬佩之意，或对当地人的善良勤劳由衷地赞颂，这样，可以引发对方的自豪感，满足其自尊心，从而获得对方的共鸣，拉近彼此之间的距离。

顾林爱写作，脑子总是处于"工作"状态，尽琢磨些写文章的事，显得很深沉。在一个会议上，某君对顾林说道："你的口才棒极了，上次那个联欢会，你的唐诗朗诵很有中央人民广播电台著名播音员的风采啊！"顾林听了这样的话，倍受鼓舞，对此君感到特别亲切，两个人虽然只见过几次面，但很快就成了无话不谈的朋友。

4. 以感激作为开场白

贝尔那·科第埃是"空中汽车"制造公司的著名销售专家。当他被推荐到"空中汽车"公司时，面临的第一项挑战就是向印度销售汽车。这是件棘手的任务，因为这笔交易在印度政府初审并未被批准，能否重新寻找到成功的机会，全靠销售员的谈判本领了。

作为特派的谈判专家，科第埃深知肩上的重任，他稍做些准备就飞赴新德里。接待他的是印航主席拉尔少将。科第埃到印度后，对他的谈判对手讲的第一句话是："正因为您，使我有机会在我生日这一天又回到了我的出生地。"

这是一句非常得体的开场白，它简明扼要，但内涵却极为丰富。它表达了好几层意思，感谢主人慷慨赐予的机会，让他在自己生日这个值得纪念的日子来到贵国，而且富有意义的是，这里是他的出生地。这个开场白拉近了科第埃与拉尔少将的距离。不用说，科第埃的印度之行取得了成功。

5. 引用名言警句的开场白

一般来说，名人都是大家耳熟能详的，并且具有某种权威。许多人对名人都会产生一种崇拜感。所以，开始进行对话的时候，不妨引用名人名言作为自己的开场白。这样，你的整段话自然而然会产生一种吸引力，引发对方的兴趣。

6. 借助物品讲开场白

俗话说"口说无凭"，如果在你讲话时，还有一件物品作为陪衬的话，那么你的这段话语就更具说服力。

有一次，卡内基在一所学校发表演讲，他别出心裁地拿出几根头发展示给听众。接着卡内基问听众："你们都知道头发是长在头上的，但这几根为什么掉下来了呢？"一句话引起了听众的注意力，开始专心致志地等待卡内基的演讲。卡内基接着说："这就是烦恼的作用。如此乌黑的头发长在头上是多么漂亮，可是它却无可奈何地离开了养育它的'土地'。我们为什么要烦恼呢？"

卡内基仅仅用了几根头发，就给他的听众留下了深刻的印象。

因此，用物品作为开场白的辅助工具是有一定作用的。但是要注意的是，一定要找与你的话题内容相关、有助于你表达的物品。

制造"一见如故"的感觉

交往之始，如果话说得好就能赢得陌生人的好感，进而更容易营造"一见如故"的氛围。

良好的第一印象是叩开交际大门的门票。第一句话说得好自然会拉近你们的距离。交往中的第一句话，绝不只是可有可无的寒暄，它将决定你们整个交往的感觉以及接下来互动的方向。所以，如果你想在后面的交往中如鱼得水，不妨先说好你的第一句话。

小金是上海一家文化传媒公司的经理秘书，负责接待从北京过来担任公司短期培训顾问的袁教授。在机场初次见面简单问好之后，小金说道："袁教授您肯定不常来上海，这几天我带您到几个著名的景点去逛逛，让您看看上海的新面貌……"袁教授的表情冷淡地回应："不必了，我本身就是上海人，当初我在上海的时候你还没出生呢。"袁教授的反应出乎小金的意料，却又在情理之中。

小金本是好意，想要在初次见面时拉近双方的距离，营造出轻松、活跃的氛围，但她的第一句话拿捏得并不恰当，她的表达也没有让袁教授感觉到应有的尊重和分寸。

试想一下，如果小金这样说，袁教授的反应还会跟之前一样吗："袁教授，您肯定去过不少地方，见多识广，哪个城市给您留下的印象最深刻呢？不知道您对上海的评价怎样？您一路辛苦了，这几天的活动就交给我来安排吧……"显然，如果小金能在与袁教授初次见面时，表达得更有分寸，接下来的接待过程将会顺利得多。

第一次见面时，双方还只是素不相识的陌生人，因此，整个互动实际上是一个敏感而充满疑虑、试探的过程，第一句话也就显得尤为重要。这是打消对方的疑虑，增进双方信任感和安全感的关键点。卡内基说："良好的第一印象是登堂入室的门票。"这里的第一印象，常常被理解为相貌、服饰、举止、神态，却被忽略掉最重要的一点——你和对方所说的第一句话。交往中的第一句话，绝不只是可有可无的寒暄。如果想在后面的交往过程中如鱼得水，不妨先说好你的第一句话。

怎样才能说好交往中的第一句话呢？最重要的一点当然是选择合乎时宜的内容，而这是一个动态的过程，需要结合对方的身份、年龄、偏好，以及你们之前的关系、当时所处的情境等方面综合考虑。有一些原则是通用的：首先你要带着真诚和热情开始你们的交流，你是否真心要建立起交流关系，在你开口说话之前就能通过你的眼神为对方所感知；其次是要以尊重和包容为前提，无论对方和你处于怎样的情境和关系，尊重是你开口说话时应该带有的最基本的感情基调。再次是要带着兴趣去观察对方的特点、偏好，这有助于你有针对性地选择话题的方向。你可以考虑通过以下三种方式找出你们的第一个话题：

1. 从对方的地域找话题

一个人的口音就是一张有声的名片。我们可以从口音本身及其提供的地域引起很多话题。例如，从乡音说到地域，从地域说到他家乡的风土人情、名胜古迹等。

2. 从有关的物件中找话题

例如，客户办公室放有杂志，就可以从杂志找话题。还有一些物品是可以作为话题，用试探的口气来问的。比如，从询问对方拥有的某一产品的产地、价格等，以此为话题和对方搭讪，找到说话的机会。

3. 从对方的衣着穿戴上找话题

一个人的衣着、举止在一定的程度上可以反映出人的身份、地位和气质，同样可以作为你判断并选择话题的依据。比如，你所见的人开了一辆宝马车，手上戴了一块劳力士，你就可以主动问："如果我没有猜错的话您一定是位商界中的佼佼者！"一语即出，对方会有几分吃惊地说："你真是好眼力！"紧接着，很多与企业生产、经营有关的话题就可以谈了。即使你猜错了也不要紧，因为你把他看成企业家本身是高看他，对方心里也会高兴，并会礼貌地说出自己的真正身份。

另外，在开始交流时充分运用你的肢体语言，也会让你收到意想不到的效果。除了说话的内容以外，在这里，我们要推荐一些关于说话时的神情、动作、语气语调的有用的准则。

运用腹腔呼吸，不要用胸腔来呼吸，这样声音才会有力；

说话时把声调放低，这样听起来平稳、和谐，也更显得魅力十足；

多说"我行""我可以""我能做的""我会做好的"之类有信心的话，你的感觉会变得更好，也会增加别人对你的信心；

说话时配合一些手势，眼睛看着对方，并面带微笑，这样可以增强语言的感染力。

另外，也有一些需要注意的方面，它们是在表达中绝对应该避免的：

说话吞吞吐吐、结结巴巴，总带有"嗯""啊""这个"之类的赘词；

在话语中间插入一些"你知不知道""我对你说"这样的话，这样便打断了话语的连贯性；

说话高声大叫，把气氛搞得很紧张；

说话像开机关枪，毫不停顿，结果弄得接不上气，搞得对方很难受；

说话时总喜欢带几个外语单词，更严重的是中文外文一块说，让人觉得有卖弄之嫌。

当你掌握了这些技巧后，就掌握了人际交往的主动权。

沟通伊始，恰当地称呼他人很重要

沟通伊始，恰当地称呼别人十分重要，一个恰当的称呼可以叫到别人的心坎里，让别人更容易接受你；而不恰当的称呼则可能让别人的心里不舒服，进而影响接下来的交往。

在社交中，称呼是必不可少的。在职场交往中，人们对称呼是否恰当十分敏感。尤其是初次交往，称呼往往影响交际的效果。有时因称呼不当会使交际双方发生感情上的障碍。不同时代、不同国家、不同地区、不同社会集团之间都有不同的称呼，但也有共同的称呼，如，太太、小姐、女士、先生。因此，你必须懂得恰当地称呼别人，这样别人才会感到舒服，进而增进双方的感情。

有一位善于交际的朋友，在很多场合他都能结识很多新人。他是怎么做到的呢？他对比自己小的年轻人总是很亲切地直呼其名，并以亲如兄长般的态度赢得小弟、小妹们的尊敬与喜爱。即使在他住院期间，他也能与医务人员打成一片。他曾说："与人交往中，首先要学会恰当地称呼人，这样才能使人对你产生好印象。"

事实确实如此，就拿找人来说，你如果说："喂，总经理在哪里？"被问的人肯定不会理你。如果你礼貌地说："你好，请问王总去哪了？"那他则会很高兴地告诉你。

此外，在交往中，称呼还要合乎常规，要照顾到被称呼者的个人习惯，同时，还要注意入乡随俗。而根据场合，又可以分为工作中的称呼和生活中的称呼两种，在具体实践中各有不同。

在日常生活中，称呼应当亲切、自然、准确、合理。

在工作岗位上，人们彼此之间的称呼是有其特殊性的，应当庄重、正式、规范。

在工作中，最常用的称呼方法，就是以交往对象的职务相称，以强调其特殊身份及自己的敬意。比如："陈总（经理）""王处长"等。

对于具有职称者，尤其是具有高级、中级职称者，可以在工作中直接以其职称相称，如"侯教授""张工（程师）"等。而以头衔作为称呼，则能增加被称呼者的权威性，更有助于增强现场的学术气氛，如"陈博士"等。

使用称呼还要注意主次关系及年龄特点。如果对多人称呼，应以先长后幼、先上后下、先疏后亲的顺序为宜。如在宴请宾客时，一般要按女士、先生、朋友们的顺序称呼。使用称呼时还要考虑心理因素。

客气的称呼会使对方感到愉快。在有些场合，如果你适当地喊出对方的名字，更会使人感到亲切愉快。

找到与对方的共同点，用话题打破交谈的"瓶颈"

在谈话的过程中，如果能够找到双方兴趣的共同点，借着共同点来进行交谈，那么你就会打破交谈的"瓶颈"，使得交谈顺利地进行下去。

在谈话过程中，要想与对方建立起"自己人效应"，就要在与对方谈话时努力寻找共同语言、共同感兴趣的食物、共同的观点与情感等。这样，双方在心理上的共鸣，使对方产生好感与亲近感，心理距离大大缩短，也就自然能打破交谈的"瓶颈"。

一个人的心理状态、精神追求、生活爱好等，或多或少都会在他们的表情、服饰、谈吐、举止等方面有所表现，只要你善于观察，就会发现双方的共同点。

一位退伍军人乘车时同另一个陌生人相遇，位置正好在驾驶员后面。不巧的是，汽车上路后不久就抛锚了，驾驶员车上车下忙了一通还没有修好。这位陌生人建议驾驶员把油路再检查一遍，驾驶员将信将疑地去查了一遍，果然找到了故障原因。这位退伍军人感到他的这个绝活可能是从部队学来的，于是试探道："你在部队待过吧？""嗯，待了六七年。""看来咱俩还算是战友呢。你当兵时部队在哪里？"……这一对陌生人就此话题谈了起来，后来他们还成了朋友。

这就是在观察对方后，发现都当过兵这个共同点，从而成功交流的案例。当然，通过察言观色发现的东西，还要同自己的兴趣爱好相结合。否则，即使发现了共同点，也还是无话可说。

谈对方感兴趣的话题，用对方工作上的术语与之交流，让对方感觉你们志趣相投，迎合对方的喜好……这些都不是为了讨好，而是促使你与对方之间的沟通更加顺畅而已。

人与人沟通，很难在一开始就产生共鸣。当我们在做开场白时，为了说服别人，最好从兴趣等方面找双方的共同点，并从这上面展开话题。

伽利略年轻的时候就立下雄心壮志，要在科学研究方面有所成就，他希望得到父亲的支持和帮助。他对父亲说："我想问您一件事，是什么促成了您同妈妈的婚事？""我看上她了。"父亲平静地说。伽利略又问："那您有没有想过娶别的女人？""没有，孩子，家里的人要我娶一位富有的女士，可我只钟情于你的母亲，她从前可是一位风姿绰约的姑娘。"伽利略说："您说得一点也没错，她现在依然风韵犹存，您不曾想过娶别的女人，因为您爱的就是她。您知道，我现在也面临着同样的处境。除了科学以外，我不可能选择别的职业，因为我喜爱的正是科学。别的对我而言毫无用途也毫无吸引力。科学是我唯一的需要，我对它的爱犹如对一位美貌女子的倾慕。"

伽利略的父亲一直反对伽利略从事科学事业，并阻挠他科学研究方面的事情。而伽利略就是用了这种与父亲找共同感受的方式，做了说服父亲的开场白，最终说动了父亲，并通过努力实现了自己的理想，成了一名伟大的科学家。

要记住"二次熟人"的名字

当你一开口就叫出别人的名字时，便表现出了对他人的尊重，这有利于进一步交流沟通。

在这个复杂的世界上，没有什么比关心别人更让人感动的事情了。而关心别人的前提，是先了解别人。这是一种交往的需要，这样做也会发展一种能力。

拿破仑便是一个很好的例子。他能叫出手下全部军官的名字。他喜欢在军营中走动，遇见某个军官时，就叫他的名字跟他打招呼，谈论这名军官参与过的某场战斗或军事调动。他经常询问士兵的家乡和家庭情况。这让每个军官都对他忠心耿耿。

善于记住别人的姓名是一种礼貌，也是一种感情投资，在人际交往中会起到意想不到的效果。

美国一家电器公司的董事长请公司的代理商和经销商吃饭，他私下让秘书按座位把每位来宾的名字依次记下。这样董事长在饭桌上与每位老板交谈时都能随口叫出他们的名字，这使得每个人都惊讶不已，生意也顺利地谈成了。

其实，世界上天生就能记住别人的名字的人并不多见，大多数人能做到这一点全靠有意培养。当你养成了这个好习惯时，你便能在人际关系和社会活动中占有很多优势。

名字对于每个人来说都有着非常重要的意义。如果你记住别人的名字，这样很可能会使他觉得自己比较受重视，说不定你还可以从记住一个人的名字这样的小事里把握难得的机遇。

有一所著名的学校招聘教师，要通过试讲从几名应聘者中选出一名。几名应试者都做了精心的准备。

上课的铃声响了，一个个试讲者分别微笑着走上讲台。其中，有一个试讲者为了避免满堂灌，他也效仿前面几位试讲者的做法，设计了几次课堂提问，但效果却很一般。下课时，比较自己与前面几名试讲者的效果，他觉得自己会输。

可是意想不到的事情发生了，第二天他接到了被录用的通知，惊喜之余，他问校长为什么选中了他。校长语重心长地对他说："说实话，论那节课的精彩程度，你还稍逊一筹，不过在课堂提问时，你叫的是学生的名字，而其他人叫他们的学号。我们怎么能录用一个不愿意去了解和尊重学生的教师呢？"

在现代社会中，人与人之间的交往日益频繁，我们经常会碰到这样的事：两个人见面，其中一个人认识另一个人，而对方却早已忘记他姓甚名谁。有些人天生记忆力好，看书、阅人均过目不忘，有些人记忆力差一些，但若把这作为不礼貌的理由，也未免有些牵强。发生这样的情况，不礼貌倒还在其次，若是赶上紧要场合，说不定会因小失大。

也许，有人会认为这是小题大做，但是不可否认的是要求被尊重、被承认是每个人发自内心的真诚愿望。当你使对方有被尊重的感觉时，你便能获得对方的好感，而你所做的也只不过是记住一个人的名字而已。

面对不太熟的异性朋友，如何开口是关键

异性之间的交往应该尽量大大方方，或是用一句"你好"，或是用一个微笑来开始相互之间的谈话。

很多人因为内向的性格，总不能主动地去交朋友。只做交往

的响应者，而不做交往的始动者，就比别人少了很多获取友情和爱情的机会。要知道，别人是没有理由无缘无故地对我们产生兴趣的。因此，要想摆脱"守株待兔"的境况，就必须学会主动与人交往。

在一个相互并不熟悉的聚会上，你可能会发现，多数人都在等待别人主动打招呼而不敢主动与不认识的异性接触，他们也许认为这样做是最稳妥也是最容易的。而余下的一小部分人则不然，他们通常会走到陌生异性跟前，一边伸手一边自我介绍。如果你恰巧是被"搭讪"的一位，这个时候你一定会像他乡遇故知一样对来者产生一种心理上的依赖，因为他是你此时此地唯一能够交谈的对象。你会自然而然地对与你对话的这位产生亲切感与好感。所以，在与陌生或者不熟的异性交流之始，不要为"先开口"而害羞不已。被你接近的人一定不会对你"先开口"的举动投来异样的眼光，反而会对你主动的态度心存感激。

通常情况下，对于陌生异性来说，搭上第一句话是相当重要的。因此，首先要克服自卑感和怯场心理。你可以漫不经心地说一些眼前存在的事实，用声音引起对方的注意。这一切要做得自然，如果对方开始注意，你就可以接上话茬，继续谈下去了。谈话的内容不要太深入，仅作为一般的聊天即可。这个时候，最忌讳心情紧张，一旦紧张，就会导致找不到话题、语无伦次。

当两个人谈得很投机的时候，便可以进入询问阶段，从而了解对方的观点、个人情况、家庭状况等，但一定不能刨根问底。

要善于察言观色，一旦触及对方隐私和禁忌的话题，要及时岔开，从而保持愉快的交谈气氛。

在交谈过程中，最忌讳一问一答的谈话方式。谈话应该是两个人思想的交流，在了解对方的同时，开诚布公地向对方亮相。自我介绍要坦率、诚实。

如果在聊天的过程中彼此产生好感，交谈进入全面的、深入的了解阶段，并且能相互理解，那么就可以将话题转移到试探对方上来，即给对方发出"信号"。这些信号多半含有爱的暗示，信号的表达最好不要太直白露骨，急于求成往往会把胆小的一方吓跑。这种信号发出，并不是立即能得到回音的，要允许对方长时间考虑，甚至在对你进行考验之后才能得出结论。

有些人总是抱怨世界上缺少真情，缺少爱。这个世界上从不缺乏孤独的男女，他们多半是因为不敢迈出交友的第一步，在交友中显得被动、消极。

感情自然流露，落落大方的交往，在沟通中不失常态就是同异性交往的最基本法则。掌握了这些法则，碰见异性就不会再拘谨，交往也会顺利得多。

与重要人物见面，说话时阵脚不可乱

重要人物也是人，与重要人物见面时首先要克服羞怯畏惧的心理，说话的时候才不会自乱阵脚。

很多人都有这样的困扰——在生活或工作中遇上了名人、领导或者对自己有用的重要人物，心里十分想迅速接近他们，进行一场融洽的交谈，但始终找不到一个突破点，或者交流过程中总觉得非常僵硬。其实，与这些重要人物交流也有一定的技巧。"大人物"也是人，他们也有和平常人一样的感情世界。

所以，与这些重要人物交往，不要有羞怯畏惧的心理，只要真正表现你内心的意思，你就能与任何重要人物开口说话。这一点是与重要人物交往最基本的要领。当然，要想顺利地与这些人进行交谈的话，我们还需要对不同类型的重要人物进行了解与分析，做足准备工作。

1. 与名人说话

名人往往比寻常人有更多的成就，而且也有私人的嗜好。当你准备去拜访某位名流时，你可以预先就谈话内容做点儿准备。

遇到有名的作家、诗人、画家、音乐家等从事创作的人，我们可以准备一些他们感兴趣的话题来与他们探讨，因为这类人往往有广泛的兴趣。他们在社交场合或许不活跃，但往往也有启发人们思想的独到之处。与他们讨论一些问题，可以让他们将独特的见解表达出来。与这些人交谈，必须耐心，不要轻易动怒，也不要太热切，要温和、冷静和体贴。

名气一般的名人，总是生活在情绪不稳定的状态中，内在的恐惧使他们脆弱敏感，稍有疏忽就会激怒他们，而且他们也容易傲慢。然而，他们绝对需要你的尊重和顺从。名气越小，对于亲切、尊重的需要也就越大。

对过气的名人，最好采取迂回的战术，即通过第三者来了解他。你的开场白应当是积极的。而类似于"这些日子以来你是如何打发时间的啊"，"我们很久没有见你在公众场合露面，你去哪儿了"，这些话等于当头泼他的冷水，是十分不可取的。

在多数情况下，与名人谈孩子是不会错的。从孩子入手，谈话就很好进行，但要注意话题不要扯得太远，要适可而止，更不要试图打探别人的隐私。

2. 与专业人士说话

在社交场合中，我们不宜向各种有地位的专业人士要求提供免费的建议。即使你的问法很有技巧，那也是一种冒犯。你问得再有技巧也瞒不过专业的眼睛。各界专业人士的工作便是向他们的客户出售商品。我们应该在他们营业的时候征询各种建议。

与重要人物说话，最基本，也是最重要的是自然和真诚。有些人看到名人、富人等大人物只是一味地说些奉承话和空话，这是不能和对方交流愉快的。面对这些重要人物，你大可不必紧张，所谓的"重要人物"也像普通人一样，抵不过疲倦，也承受不住伤害。

第三章
DI SAN ZHANG

说服他人，
针对不同的人说不同的话

看清谈话对象，然后再开口

我们应该懂得在交际中遇到不同的人说不同的话，以便满足对方的心理需求，从而赢得对方的好感。这是因为只有赢得对方的好感，你才有可能获得所想要的东西。这也是成大事的一大技巧。

与人说话，不止是表达自己的想法，更是要让对对方理解自己的想法，所以要了解对方的个性，才能取得良好的沟通。

所以，与不同的人沟通的时候，要注意用不同的表达方式，而不是自顾自地表达自我。

1. 与地位高于自己的人谈话要保持个性

懂得到什么山头唱什么歌的人在与地位高于自己的人谈话时，会保持自己的个性，维持自己的独立思考，不会去做一个"应声虫"。同时，与地位高者谈话还应注意以下几点：

（1）态度表现出尊敬。

（2）对方讲话时全神贯注地听。

（3）不随意插话，除非对方希望自己讲话。

（4）回答问题简练适当，尽量不讲题外话。

（5）说话自然，不紧张。

2. 与老年人谈话要保持谦虚

长辈教育后辈时常说："我走过的桥比你走过的路还多。"这是很有道理的。老年人虽然接受的知识较后辈少，可是无论怎样，其经验要丰富得多。因此外圆内方的人在与长者谈话时，会保持谦虚的态度。

人们不喜欢别人说自己年高，他们喜欢显得比自己的真实年龄更年轻，或努力获得如一个青年人一般的活力和健康的神气，这并非说他们企图隐瞒自己的年龄。事实上或许是因为他们为自己能生活得很健康而感到骄傲。

所以懂得到什么山头唱什么歌的人在与老年人谈话时，不会直接提起他们的年纪，而只提起他们所干的事情，这样就能温暖老年人的心，而使他们觉得自己是一个非常令人喜欢的人。

老年人较之常人更易情绪激动，在他们的一生中，他们曾做过许多值得骄傲的事情，而他们就喜欢谈论这些作为。他们常喜欢人家来求教和听他们的劝告，喜欢人们尊敬他们。

其实，与老年人谈话是很容易的，因为他们很喜欢谈话。他们说话常常滔滔不绝，如果打断他，就会显得粗鲁无礼。因此，有时与他们谈话很费时间，可是，只要用心听，他们的话是很有裨益的。

3. 与年幼者谈话要保持深沉

懂得到什么山头唱什么歌的人在与年幼者谈话时，会保持深沉、慎重的态度。这是因为年幼者的思想虽然超前，但有些方面的知识不及自己，因而不宜降低身份，还要注意不要给他们机会直呼己名。

与年幼者谈一些他们感兴趣的事物，让他们相信自己是从他们的立场来观察事物的，让他们能够明白自己也有与他们一样年轻的观念，这样谈话就能顺利地进行下去了。

跟实用主义者说话

有一位青年，曾梦想要做美国总统，但这个梦想似乎过于遥远。该怎么办呢？经过几天几夜的思索，他拟定了这样一系列的连锁目标：

做美国总统首先要做美国州长→要竞选州长必须得到雄厚的财力做后盾→要获得财团的支持就一定得融入财团→要融入财团最好要娶一位豪门千金→要娶一位豪门千金必须成为名人→成为名人的快速方法就是做电影明星→做电影明星的前提是需要练好身体。

按照这样的思路，青年开始步步为营。他开始刻苦而持之以恒地练习健美，他渴望成为世界上最结实的壮汉。三年后，借着发达的肌肉，雕塑似的体魄，他成为"健美先生"。

在以后的几年中，这位青年将欧洲、世界、奥林匹克"健美先生"等诸多美誉收入囊中。22岁时，他进入了美国好莱坞。在好莱坞，他花费了十年时间，一心去表现坚强不屈、百折不挠的硬汉形象。终于，他在演艺界声名鹊起，女友的家庭在他们相恋九年后，终于接纳了他。他的女友就是赫赫有名的肯尼迪总统的侄女。

他与太太生育了四个孩子，组建了一个幸福的家庭。2003 年，年逾 57 岁的他，退出影坛，转而从政，成功地竞选成为美国加州州长。

他就是阿诺德·施瓦辛格。

施瓦辛格就是典型的实用主义者。他从很小的时候就为自己确立了远大的目标，为达目的可以"不择手段"。因此实用主义者多半是工作狂的典型。

实用主义者的突出能力表现在，只要是能想到的，就一定能做到。无与伦比的创新与独一无二的执行力让他们从来都是高效率的代表。

除此之外，他们做事情目标很明确，也是因为他们超强的目的性，让他们做事时不会盲目地随波逐流。他们一直都像是斗志昂扬的战士，不肯服输。做事努力，勤奋是他们给人的印象。但是他们也有个性上的不足之处，因为他们考虑问题永远是以结果为导向，所以做事时往往功利心太强，没有好处的事情他们是不会干的。这种功利心让他们患得患失，失去了一颗享受的平常心。

如何打动冷眼旁观者

"君子之交淡如水"这往往是冷眼旁观者的交际法则。

观察者就像是冷眼旁观的裁判，用其世界观来替整个世界做诊断。他们如灰色一样无所不包、低调、不事张扬，也像灰色一样与周围的世界保持着距离。他们总是一副不愿意与别人深交的样子，对任何人、任何事都保持着一种冷漠的态度。其实，这恰是观察者们深得交际艺术的地方，因为保持距离是一种安全，也是让友谊长久的保鲜法。

冷眼旁观的观察者几乎人人都是观察家，善于观察、勤于思考，喜欢总结就是他们最好的写照。他们总是能够看到别人看不到的地方，缜密地思考，客观地下结论。

某大公司招聘人才，应聘者云集。其中多为高学历、多证书、有相关工作经验的人。

经过三轮淘汰，还剩 11 个应聘者，最终将留用 6 人。但是在第四轮总裁亲自面试的时候，却出现了 12 个应聘者。总裁问："谁不是应聘的？"

坐在最后一排的男子站了起来："先生，我第一轮就被淘汰了，但我想参加一下面试。"在场的人都笑了，包括站在门口闲看的老爷子。

总裁饶有兴趣地问："你连一关都过不了，来这儿又有什么意义呢？"

男子说："我掌握了很多财富，我本人即是财富。"大家又一次笑得很开心，觉得此人不是太狂妄，就是脑子有毛病。但是男子接着说："我只有一个本科学历，一个中级职称，但我有11年工作经验，曾在18家公司任过职……"

总裁打断他："你学历、职称都不算高，工作11年倒是很不错，但先后跳槽18家公司，太令人吃惊了。我不欣赏。"

男子站起身说："先生，我没有跳槽，是那18家公司先后倒闭了。"在场的人第三次笑了。

一位应聘者："你真是倒霉蛋！"

男子也笑了："相反，我认为这是我的财富！我不倒霉，我只有31岁。"

这时，站在门口的老爷子走进来，给总裁倒茶。男子继续说："我很了解那18家公司，我曾与大伙努力挽救那些公司，虽然不成功，但我从那些公司的错误与失败中学到了许多东西，很多人只是追求成功的经验，而我，更有经验避免错误与失败！"

男子离开座位，一边转身一边说："我深知，成功的经验大抵相似，而失败的原因各不相同。别人成功的经历很难成为我们的财富，但别人的失败过程却能！"

男子就要出门了，忽然又回过头说："这11年经历的18家公司，培养和锻炼了我对人、对事、对未来的洞察力，举个例子吧，真正的考官不是您，而是这位倒茶的老人。"

全场 11 个应聘者一片哗然，惊愕地盯着倒茶的老人。那老爷子笑了："很好！你第一个被录取了，因为我急于知道，我的表演为何失败。"

这个例子可以说是观察者最好的表演，他们明察秋毫的眼睛与缜密思考的心思绝不是一般人能达到的。

冷眼旁观者的最大特点，是冷眼与旁观，是事不关己，因而可以更加冷静客观地分析和看待事物。因为缺少共情和投入感，所以显得不太有温度和人情味。但是如果能够理解他们的特点，不要试图去改变他人，同样可以与之融洽交流。

投其所好应对享乐主义者

"人生不如意十之八九，何不开心快乐点？开心过一天也是过，不开心 24 小时也一样过，何不让 24 小时里尽可能地多一点开心呢？"这就是享乐主义者的生活哲学。

享乐主义者的性格颜色是快乐的橙色，他们轻松愉快，不愿意带给别人压力，也害怕别人给他们施压。无拘无束的生活是他们追求的方向与目标。他们绝对是一群懂得放松、快乐、享受的人。

他们有做到潇洒的智慧，他们豁达大度又多才多艺，潇洒、狂放不羁的外表下藏着热爱生活的心。他们是最有情调、最懂得享受生活的一群人。他们不会像完美主义者一样因为害怕出错而战战兢兢；不会像过度老实的人那样只想着别人而从不考虑自己；也不像实用主义者那样过度追名逐利；不会像浪漫主义者那样杞人忧天；也不会像冷眼旁观者一样冷淡地拒人于千里之外；更不会像怀疑论者那样从不相信陌生人。他们就是这样洒脱的人，因为他们懂得人生短暂，红了樱桃绿了芭蕉，流光容易把人抛，不如快乐地活着！

他们永远能将生命之外的名利看淡、豁达大气。另外，他们也将工作视为一种可有可无的享受，因此，也只有他们最单纯最快乐，不会觉得工作很累。

虽然，享乐主义者豁达的人生态度令人赞赏，但是，如果从另外的角度来看，他们又有很多的缺点。

首先，他们往往会为了避免自己负责任而想出各种妙招。就像顽皮的不愿意长大的孩童，他们拒绝成人的世界，不想担负起成人的责任。

其次，他们做事常常虎头蛇尾，三天打鱼，两天晒网，他们的身上少了一种恒心。他们属于典型的害怕受苦的那一类，做事情常常只有三分钟热度，没有耐心与恒心。

最后，他们的世界观里容忍不了苦难的存在，在他们心中，人生苦短，还是及早寻乐为好。其实并非他们不能吃苦，只是他们习惯逃避苦难，这样，他们常常让周围的人觉得玩世不恭，不能肩挑重担。

面对领袖型人物，最好先听他说

能做别人的领导，甚至是领袖人物的人，多少都会有点能耐。领袖型人物就像是天生的将军，他们拥有俯视江山的气魄，个性刚强坚毅，不容易屈服。他们的性格像是象征权力、热情、欲望、尊贵的红色。天生的个性，造就了他们不平凡的一生。

其实，这种强势而独立的个性是从小时候开始养成的。童年的时候我们几乎都玩过"老鹰捉小鸡"的游戏，而他们通常扮演的就是那只"母鸡"或"老鹰"的角色。"母鸡"保护弱者的个性在他们后来的人生中占有相当重要的位置；"老鹰"俯视天下的霸气也一直如影随形地跟着他们。

领袖型人物永远像一头雄狮一样威严、尊贵而勇敢，他们是最有勇气、最能捍卫利益的一群人。他们对强权从来不会屈服，而是积极地投入战斗。无论这利益是他们自身的，还是他人的，只要他们认定了，就一定能够坚持到底，孟子所说的"威武不能屈"形容的就是他们的勇猛形象。

领袖型人物就像是一棵参天大树，带给其他人独一无二的安全感。他们习惯并且也热衷于提携他人、保护他人。通常情况下，别人都希望能给自己找到一棵大树来乘凉，唯独他们不热衷于此，因为他们自身就是能够给别人保护的人。

因为个性使然，他们常常是领导别人的人。有人羡慕他们的地位和权力，其实他们的内心也常常提心吊胆。因为他们可能是主管或一把手，所面临的常常是危机和整个集体的利益存亡，他们的生活也就注定了不会平淡。有了功劳，他们当然会受益，这是大家都能看到的一面。可是也有人嫉妒，想要自己也尝试一下滋味。就像《红楼梦》中所言"大有大的难处"，可以这样说，权力越大责任越大。身居高位的人，其实每个人的头顶上都悬着这样一把责任之剑，一旦发生重大事故他们就应首当其冲。

他们以其卓越的领导力与远见卓识常常成为众人中的核心人物，但正因如此，他们很喜欢用命令的口吻让别人来替他们做事，尽管可能是对方的分内之事，但他们的语气却会招致不满，因此也常常留给别人一种不够尊重别人的印象。另外，他们又很容易自负，看不清自己的毛病所在。而且，他们通常易怒，也不太会听取他人的建议，往往因为太过自信而错失良机。

第四章

DI SI ZHANG

场合不同，

说服技巧也不同

求职面试，实话巧说顺利通过

自我介绍并不是随心所欲地进行的，一个良好的、恰到好处的自我介绍能给主考官留下深刻的印象，反之则会让你的面试一开始就一塌糊涂。

求职面试时，招聘者手中往往拥有许多求职履历表，这里面的应聘者个个都是无声的，所以招聘者想知道你和别人相比有什么独到之处。在能力相同的情况下，那些求职者之所以能够成功，关键在于他们在做自我介绍时的出色表现。

自我介绍是有讲究的，可以从以下几个方面来着手。

1. 彬彬有礼

在做介绍前，要先对主试官打个招呼，道声谢，如："经理，您好，谢谢您给我这么好的机会，现在，我向您做个简单的自我介绍。"介绍完毕后，要注意向主试官道谢，并向在场面试人员表示谢意。

这能给主试官留下很好的印象。没有人会拒绝谦恭的态度。

2. 主题明确

在做自我介绍时，最忌漫无中心，东扯一句西扯一句，或者陈芝麻烂谷子事无巨细都一一详谈，让人听了不知所云。求职面试中的自我介绍宜简不宜繁，一般包括这些基本要素：姓名、年龄、籍贯、学历、学业情况、性格、特长、爱好、工作能力和工作经验，等等，对于这些不同的要素该详述还是略说，应按招聘方的要求来组织介绍材料，围绕中心说话。假如招聘单位对应聘的人的工作能力和工作经验很重视，那么，求职者就得从自己的工作能力及经验出发作详细的叙述，而且整个介绍都应以这个重点为中心。

3. 让事实讲话

在自我介绍中，要尽量避免对自己做过多的夸张，一般不宜用"很""第一""最"等表示极端的词来赞美自己。在面试场上，有些人为了让面试官对他留下深刻的印象，往往喜欢对自己进行过多的夸张，如"我是很懂业务的"，"我是年级成绩最好的一个"，总是喜欢带着优越的语气说话，不断地表现自己。其实，如果对自己做过多的夸耀，反而会引起面试官的反感。

谈论自己的话题，应避免一些夸大的形容词，把话讲得客观真实，尽量用实际的事例去证明你所说的，最好用真实的事例来显露你的才华。

4. 愉快自信

许多人在推销自己时缺乏勇气，这或许是怕引起别人反感的缘故。而在平时生活中也常常听他们说："我有什么好说的。你们天天不都看见了吗？"这就使他们养成了从不自我评价、自我展示的习惯，可到了要谈论自己时，免不了有些难以启齿。

范萍萍去面试，整个过程，她的声音都如蚊蝇，特别是谈到自己时，更显得羞于张口。后来她打电话给公司秘书，公司秘书非常为难地告诉她，面试官说，你那么小的声音，显得不自信，缺乏活力，也缺乏必要的应酬能力。范萍萍拿着电话筒哭了起来。

5. 好牌留到后面出

当你有了不起的业绩时，或者你有足够的资历经验能胜任这项工作时，不要在"自我介绍"中和盘托出，要给自己留一手，一开始就说出"伟大业绩"会给人自吹自擂的感觉，引起别人的反感。留在后面说，会给人以谦虚诚实的印象，使面试官对你刮目相看。

最后要提出注意的是，我们必须学会"瞬间展示法"，因为现在许多企业特别是外资企业和合资企业，都喜欢采用"一分钟录像"的办法来选择人才。所谓一分钟录像，就是只给应聘者一分钟的时间，让他们利用这短暂的时间来介绍自己，同时录像，然后拿给招聘者观看。

如果招聘单位使用"一分钟录像"的方法录用人员，那么求职者在一分钟的时间里，如何充分地表现，如何更多、更好地让对方了解自己，便成了求职成功的关键所在。因而，要求应聘者必须在短短的一分钟内，最有效、最充分而又最简洁地表现自己，从而获得求职成功。这种策略称为"瞬间展示法"。

瞬间展示法的求职技巧主要包括以下两个方面：

其一，精选一分钟录像内容。由于是一分钟，时间很短，因此说话内容不宜太多、太繁杂，着重讲好以下几个方面即可：

自己的简历、家庭状况；

自己的专业、主修的课程；

曾担任过的社会工作；

对自己未来工作的简单设想；

应聘的态度；

自己的抱负和理想。

其二，一分钟内注意的事项：

在服装方面要着重打扮一下，衣着整洁将会给人一种美的感觉，也是社交活动所必备的。

切忌蓬头散发，不修边幅。

镇定自若，不要紧张。

礼仪周全。开始时，先要说声"你好"，然后再做自我介绍，最后不要忘说"谢谢"。

内容要简单精练。

说话声音要高低适中，吐字发音要清楚。

在做自我介绍时，有一些应聘者常犯的毛病在这里我们特别提出来强调，希望大家注意：

1. "我"字连篇

千万不要以为"自我介绍"最应该用的字是"我"字。当面试官说："谈谈你自己吧！"一名应试者十分巧妙地回答："您想知道我个人的生活，还是与这份工作有关的问题？"他把应该用"我"字打头的话，变成"您"字打头。

老把"我"挂在嘴边的人，易使人反感，受人轻视，被认为是强迫性的自我推销。所以，要经常注意把"我"字变成"您"字。"您以为如何呢？""您可能会惊讶吧？""您一定觉得好笑。""您说呢？"把自我介绍变成一场你与面试官之间沟通的谈话。

2. 空泛无物

许多人往往急于介绍自己、推销自己，却因为讲话空泛无物，而引起面试考官的怀疑。

吴小京去某报社应聘业务主管，主持面试的负责人问他："你日常的兴趣是什么？"他说是爱看书。主试官问："你爱看什么书。"吴小京回答说："爱读西方经济学著作。"主试官又问："主要是哪些著作？"吴小京搜肠刮肚偏偏一部著作也想不起。其实他的确读了一些，只是时间太长了，近日根本没有摸过这类书，一时想不起书的名字。吴小京满以为可以把自己塑造成爱读书、学识渊博，有能力胜任主管工作的人，但由于介绍不"畅"，反而给主考官留下了爱吹牛皮的嫌疑。结果，他没有收到录用通知。

3. 说话不留后路

自我介绍最忌吹嘘，夸海口。大话一旦被拆穿，面试很难再进行下去。

小张去应聘一家国际旅游公司的导游，他自我介绍说："我这个人喜欢旅游，熟悉名胜古迹，全国的大城市几乎都去过。"面试官很感兴趣，就问："你去过杭州吗？"因为面试官是杭州人，很熟悉自己的家乡。可惜小张偏偏没去过杭州，心想若说没去过这么有名的城市，刚才那句话不是瞎吹吗？于是硬着头皮说："去过！"面试官又问："你住在哪家宾馆？"小张再也答不上来，只好支吾说："那时没有钱，只好住小旅馆。"面试官又说："杭州的名小吃你一定品尝过吧？"小张照样说："那时没有钱，就一心看风景，没有去吃小吃。"面试官偏偏只问关于杭州的事，小张语无伦次，东拉西扯，答非所问，最后终于不能自圆其说，谎言被当场识破，主考官十分反感，面试一败涂地。

谈判周旋，巧词让对方无力反击

在商务谈判中，当谈判一方处于被动或劣势的时候，可以运用"绵里藏针"的技巧，先软后硬，硬了再软，一波三折，软硬交替，来促使谈判成功。

有这样一个生动的例子：

1923 年，苏联国内食品短缺，苏联驻挪威全权贸易代表柯伦泰奉命与挪威商人洽谈购买鲱鱼。

当时，挪威商人非常了解苏联的情况，想借此机会大捞一把，他们提出了一个高得惊人的价格。柯伦泰竭力进行讨价还价，但双方的差距还是很大，谈判一时陷入了僵局。柯伦泰心急如焚，怎样才能打破僵局，以较低的价格成交呢？低三下四是没有用的，而态度强硬更会使谈判破裂。她冥思苦想，终于想出了一个办法。

当再一次与挪威商人谈判时，柯伦泰十分痛快地说："目前我们国家非常需要这些食品，好吧，就按你们提出的价格成交。如果我们政府不批准这个价格的话，我就用自己的薪金来补偿。"

挪威商人一时竟呆住了。

柯伦泰又说："不过，我的薪金有限，这笔差额要分期支付，可能要一辈子。如果你们同意的话，就签约吧！"

挪威商人被感动了，经过一番商议后，他们同意降低鲱鱼的价格，按柯伦泰的出价签订了协议。

柯伦泰的忠诚和才干，特别是她在谈判处于不利的形势下采取"绵里藏针"的技巧，赢得了谈判的成功，购得了人们需要的食品，得到了苏联政府和人民的赞扬。第二年，她被任命为苏联驻挪威王国特命全权大使。

一味地用和气、温柔的语调讲话，一个劲儿地谦虚、客气、退让，有时并不能让对方信赖、尊敬及让步，反而会使一些人误认为你必须依附于他，或认为你是个软弱的谈判对手，可以在你身上获得更多、更大的利益。

相反，如果你一开始就以较强硬的态度出现，从面部表情到言谈举止，都表现得高傲、不可战胜，一步也不退让，那么留给对方的将是极不好的印象。这样，会使对方对你的谈判诚意持有异议，而导致失去对你的信赖和尊敬。

正确的做法应当是"软硬兼施"。须知，强硬与温柔相结合，能使人的心态发生很大的变化。强硬会使对方看到你的决心和力量，温柔则可使对方看到你的诚意，从而可以增强信任和友谊。在商务谈判中，软硬兼施的策略被谈判者普遍采用。凭软的方法以柔克刚，又用硬的手段以强取胜。软硬兼施的方法通常还可以由两个人来实行。

在谈判中，本方由一个成员扮演强硬派角色，坚持提出较高的要求，不轻易退却，努力捍卫己方的利益；由另一位成员扮演合作者角色，他在开始时并不马上参与意见，而是保持沉默，既维护好与对手的关系，又不损害己方强硬人物的"面子"。他要善于观察谈判形势的发展变化，适时地参与进来提出建议或做出某些让步。这也就是我们俗称的"红白脸"策略。

在运用红白脸策略时，对以下几点要领应注意把握：

（1）从红脸、白脸的角色分配来看，两种角色的分配应和本人的性格特征基本相符，即扮"红脸"者应态度温和、经验丰富、处事圆融、言语平缓、性格沉稳；而扮"白脸"的人则应雷厉风行、反应迅速、善抓时机、敢于进攻、言语有力。如果让性格特征不相称的人去扮演这种角色，就会出现强硬派硬不上去，而红脸反倒硬了起来，结果导致希望和实际效果不符，场面一团糟，反倒使对方有机可乘，乘虚而入。

（2）两种角色一定要注意相互配合，看准时机，把握火候，在"白脸"发动强攻时，"红脸"就要充分注意对方的反应，如果对方以牙还牙，以硬对硬，"红脸"就要在适当的时候出面调停，让"白脸"有台阶下，否则，"白脸"收不了场，而"红脸"又不及时出面，就可能使谈判僵持、暂停或是破裂。

（3）在使用红白脸策略时，要求担任"白脸"角色的人既要善于进攻，又必须言之有理、讲究礼节，不肯轻易让步，但不是胡搅蛮缠。而"红脸"也不能过于软弱，要掌握好分寸，既要掌握好让步的分寸，也要适度使用语言。

（4）从角色的分工来看，"红脸"一般由主谈人来充当，"白脸"由助手来充当，因为从红白脸策略的整体特点来看，"红脸"掌握着让步的分寸，总揽全局，而且从心理学角度来讲，"红脸"的观点也易为对方所接受，所以这样分工比较合适。

面对上级，言辞关切博得领导认可

有的下属对领导唯马首是瞻，即使领导做错了，还佯装欢笑，卑躬屈膝，违背原则说一些子虚乌有的话。如果是非常精明的领导，这种人是很难得到重用的。因为这种人一般并没有什么真才实学，不仅很难成事，还经常会坏事；而且这些人把利益放在第一位置，现在他可以违背自己的良心说对你有"利"的话，明天也可以干出对你不利的事来。

当然，作为下属，对领导的面子还是要照顾到的。这就要求在和领导讲话的时候既不能肉麻地拍马屁，也不能让领导感觉被顶撞，下不了台，也就是要不卑不亢。

当在领导面前处于不利境地时，如果为了迎合领导，讲了假话，那就违背了自己的内心，也未必会得到领导认可。在这个时候如果讲究点技巧，不卑不亢，既讲了真话，不违背自己的本心，又能使对方接受，岂不是一举两得。下面就是这样一个例子：

宋代有一位大臣，为官公正，为人刚正不阿。年轻时四处游学，机缘巧合，竟然认识了微服私访的当朝皇帝。皇帝心血来潮，写字画画儿去卖，只可惜水平实在不高。这位青年告诉皇帝，他的画儿只值1两银子。皇帝听了既不服气又生气，但也不好发作。

第二年这位青年进京赶考，高中状元，成了天子门生。觐见皇帝时才发现，原来当年卖画儿的老兄竟然是皇帝，皇帝也认出了他。皇帝屏退左右，只将此人留了下来，拿出当年只值1两银子的那幅画，问道："卿家认为这幅画价值几何？"

这位大臣赶紧前进一步说道："这幅画如果是陛下送给微臣的，那就价值万金，因为无论陛下送的何物，对微臣来说，都是无价之宝。但如果拿去卖的话，这幅画就值1两银子。"

皇帝听了，不禁拍掌大笑，知道自己身边多了一位才学渊博、品行端正的忠心之士。

这位大臣并没违背自己的本意，而是讲了真话，这种不卑不亢的巧妙表达，也使皇帝觉得在理，因而也非常高兴。

对于有些涉及领导者的棘手问题，为了给对方留面子，同时恰当地维护自己的尊严，就要巧妙区分，从不同的角度来解决。

不卑不亢只是一种说话手段，运用它的关键是理直而气壮，只有在领导面前大胆地说出应该说的话，才能不致弄巧成拙，惹领导不快。

妙语生财，赢得客户的信任

现代营销充满竞争，产品的价格、品质和服务的差异已经变得越来越小。推销人员也逐步意识到竞争核心正聚焦于自身，懂得"推销产品，首先要推销自我"的道理。要"推销自我"，首先必须赢得客户的信任，没有客户信任，就没有展示自身才华的机会，更无从谈起赢得销售成功的结果。要想取得客户的信任，可以从以下几个方面去努力。

自信 + 专业

"自信等于成功的一半"，自信心对营销人员非常重要，它直接展示你的精神面貌，无形中向客户传递了你的信心。试想，一位推销人员对自己和公司都缺乏信心，那么要让客户信任和接受你则是很难的。

但我们也应该认识到，在推销人员必须具备自信的同时，一味强调自信心显然又是不够的，因为自信的表现和发挥需要一定的基础——"专业"。也就是说，当你和客户交往时，你对交流内容的理解应该力求有"专家"的认识深度，这样让客户在和你沟通中每次都有所收获，进而拉近距离，提升信任度。另一方面，自身专业素养的不断提高，也将有助于自信心的进一步强化，形成良性循环。

提问消除对方疑虑

日本推销之神原一平在打消客户的疑惑，取得客户对自己的信任方面有一套独特的方法。

"先生，您好！"

"你是谁啊？"

"我是明治保险公司的原一平，今天我到贵地，有两件事专程来请教您这位附近最有名的老板。"

"附近最有名的老板？"

"是啊！根据我打听的结果，大伙儿都说这个问题最好请教您。"

"喔！大伙儿都说是我啊！真不敢当，到底什么问题呢？"

"实不相瞒，是如何有效地规避税收和风险的事。"

"站着不方便，请进来说话吧！"

"……"

突然地推销，未免显得有点唐突，而且很容易招致别人的反感，以至于被拒绝，先拐弯抹角地恭维客户，打消客户的疑惑，取得客户的信赖感。推销便成了顺理成章的事了。

提出相关的问题，并善意地为顾客解决问题，做顾客的朋友，是打消顾客顾虑的有效方法。

帮客户买，让客户选

推销人员在详尽阐述自身优势后，不要急于单方面下结论，而是建议客户多方面了解其他信息，并申明：相信客户经过客观评价后会做出正确选择的。这样的沟通方式能让客户感觉到他是拥有主动选择的权利的，和你的沟通是轻松的，体会你所做的一切是帮助他更多地了解信息，并能自主做出购买决策。从而让自己和客户拥有更多的沟通机会，最终建立紧密和信任的关系。

成功案例，强化信心保证

许多企业的销售资料中都有一定篇幅介绍本公司的典型客户，推销人员应该积极借助企业的成功案例，消除客户的疑虑，赢得客户的信任。在借用成功案例向新客户做宣传时，不应只是介绍老客户名称，还应有尽量详细的其他客户资料和信息，如公司背景、产品使用情况、联系部门、相关人员、联络电话及其他说明等，单纯告知案例名称而不能提供具体细节的情况，会给客户留下诸多疑问。比如，怀疑你所介绍的成功案例是虚假的，甚至根本就不存在。所以，细致介绍成功案例，准确答复客户询问非常重要，用好成功案例能在你建立客户信任工作上发挥重要作用——"事实胜于雄辩"。

追求恋人，甜言蜜语获真心

当恋爱中的人真情流露时，都会让对方感动至深，情真意切是爱的灵魂，没有真心实意，谈爱就是空洞或虚假的，只有对对方表露诚意，对方才会做出同样的回应。

孙犁的名作《荷花淀》，如一幅富有诗意的爱情风俗画。水生夫妻的对话仿佛是一首回味无穷的爱情诗篇，其中洋溢着真诚和深深的关切之情。

月亮升起来了，院子里凉爽得很，干净得很！水生嫂手指上缠绞着柔润修长的苇眉子，坐在院子里，等候着丈夫。身边是一片洁白，淀里是一片洁白，透明的雾，柔和的风，荷叶荷花香飘了过来。在这朴素干净的农家院中，一片安宁，一片温馨，一片思念牵挂的温情。辛劳了一天的公公熟睡了，玩耍了一天的儿子也进入了梦乡。水生嫂在月光下，一天的担心，一天的思念，不正是可以在这种静寂的夜景中，轻柔地同丈夫叙说吗？宁静之夜是夫妻对话的一个充满诗意的极好环境，美妙的夜会给爱情增添甜蜜温柔。

水生嫂以温柔体贴的话语表达出了对丈夫的深情，她了解丈夫——朴实勤劳，积极能干，小苇庄的游击组长、党支书记，她怎能不爱他呢？所以，当水生从区上回来时，她首先要问的便是："今天怎么回来得这么晚？"语气温柔，充满了体贴关切的感情。轻轻的一句话，却包含了这样的意思：今天你在外面怎么样？这么晚怎不叫人心急？你吃饭了吗？有的只是宽厚贤淑和温柔之情。这柔柔的一声仿佛是荷花淀飘来的温馨的荷香，让水生顿觉轻松，一天的疲劳也消失了，当水生询问儿子的情况时，她又轻言细语地说："和爷爷收了半天虾篓，早就睡了。"言语不多，却有许多信息。她讲了儿子和公公的一天活动，她以"儿子早睡了"含蓄地露出了那种嗔怪丈夫回来太晚的心境，但这种嗔怪却是一种关心、一种疼爱。

水生和水生嫂这样一对仅仅是粗通文墨的青年农民夫妻的对话里面，没有丝毫语言修辞的炫弄。这里有的只是夫妻间倾心交谈的平常话语，有的只是夫妻间倾注了深厚情爱的言辞。正因为此，这里的语言才显得像他们的感情一样朴实无华、简洁明了。

水生和水生嫂的感情是令人羡慕的，他们之间没有丝毫掩饰和造作，用简单的语言诉说各自的最真的情感，夫妻间的融洽也就是在平淡如水的话语中不知不觉地增强了。

耍"小性子"可以说是女孩子的天性，恋爱中的女孩子更是如此。她们常为男友的言行不符合自己的心意而耍性子赌气，挤眼抹泪。其实，她们心里并不是真的生男友的气，而是故意生气，看男友是不是会过来哄她们，这时候的男士就应该抓住机会表达真情实爱。

一天傍晚，李云与张亮两人为一件小事闹了点别扭。分手时，张亮本想按惯例送李云回家，可李云却执意不肯。张亮拗不过李云，只好答应，但又担心李云的安全，只好在后面远远地跟着，看李云进了家门。10点多钟，李云回到家，刚一推门，电话声就响了。她抓起电话，听筒里传来张亮的声音："云，我是亮。"李云听说是张亮，正要放下电话，又听张亮说："云，看见你到了家，我也就放心了，晚上好好休息，我也回家了。"听了张亮的一番话，李云跑到窗边，看到张亮离去的背景，泪水夺眶而出，此时的她，心里只有感动，哪还顾得上生气啊。

张亮不失时机地一番关爱之语，向恋人传送了自己的关心与牵挂。语虽短，意却浓；话虽简，情却真。令对方不由得怦然心动，怨气全消。

当恋爱中的人真情流露时，都会让对方感动至深，情真意切是爱的灵魂，没有真心实意，谈爱就是空洞或虚假的，只有对对方表露诚意，对方才会做出同样的回应。

第五章

DI WU ZHANG

想要高效沟通，
让自己的语言更有说服力

让对方多说话

很多人急于让对方（为了写作的方便，除非特别提及，否则本书中"对方"一词指的是包括两人谈话中的"对方"、演讲中的"听众"等在内的所有场合的说话对象，即泛指的对象）明白自己的意见，话说得太多了。要知道，有时候话说得太多跟不说话的效果差不多。

尽量让对方多说话吧！他们对自己的事情和问题一定比你了解得要多。所以，在必要的时候，向他们提一些问题，让他们告诉你一些事情。这样做将会使你们的交流更加有效果。

如果你并不同意对方的观点，你可能想去反驳他。可是你千万不要这么做，因为这将是非常危险的。当一个人急于把自己的观点表达出来的时候，他绝对不会注意别人的观点。在这个时候，你要做的事情就是听听他有什么观点，鼓励对方充分地发表自己的意见。

首先，让我们来看看这种策略的运用在商业上的价值。

若干年前，美国最大的汽车制造公司之一正在和三家重要的厂商洽谈订购下一年度的汽车坐垫布。这三家厂商都已经做好了坐垫布的样品，并且已经得到汽车制造公司的检验。汽车制造公司告诉他们，他们可以以同等条件参加竞争，以便公司做出最后的决定。

其中一个厂商的业务代表 R 先生——他后来成了卡内基口才训练班的学员——在班上叙述他的经历时说："不幸的是，我在抵达的时候，正患有严重的喉炎。当我参加高级职员会议时，我已经几乎说不出话来了。他们领我到一个房间，该公司的纺织工程师、采购经理、推销经理以及总经理跟我晤面。我站起来，想尽力说话，但是却只能发出沙哑的声音。最后，我只能在纸上写道：'各位，对不起，我的嗓子哑了，不能说话。'

"'那么，就让我替你说吧！'该公司的总经理看到后说。他帮我展示了我的样品，并且对着大家称赞了它的优点。在他的提议下，大家围绕着样品的优点展开了热烈的讨论。由于那位总经理在替我说话，因此在这场讨论中，我只是微笑、点头以及做了几个简单的手势。

"这个特殊的会议讨论的结果是我赢得了这份订单，和该公司签订了 50 万码的坐垫布。这是我获得的最大的订单——它的总价值为 160 万美元。我很幸运。我知道，假如我的嗓子没有哑，那么，我可能得不到这个订单，因为我对整个情况的看法是错误的。这个经历让我发现，让别人说话是多么的有益。"

交易成功的关键在于，如果你希望别人买你的商品，最好的办法莫过于让他们自己说服自己。在很多情况下，你不能直接向顾客推销你的商品，而要让他们在心底里觉得你的商品确实很有优势，从而主动来买你的商品。

让对方说话，并不只是在商业领域起到了它的作用，也有助于别的方面。比如，它可以帮助你处理家庭中的一些矛盾。

芭芭拉·威尔逊是卡内基训练班的学员，她和她的女儿罗瑞的关系近段时间迅速恶化。罗瑞以前是个十分乖巧听话的孩子，但是当她十几岁的时候，却与母亲产生了许多矛盾，拒绝与母亲合作。威尔逊夫人曾试图用各种方法威吓、教训她，但是都无济于事。

"她根本不听我的话，我几乎放弃了所有的努力。有一天，她家务活还没做完，就去找她的朋友玩。当她回来的时候，我照旧骂了她。我已经没有耐心了，我伤心地对她说：'罗瑞，你为什么会这样呢？'

"罗瑞似乎看出了我的痛苦。她问我：'你真想知道吗？'我点头。于是她开始告诉我以前从未跟我说过的事情：我总是命令她做这做那，从来没有想过要听她的意见；当她想跟我谈心的时候，我却总是打断她。我认识到，罗瑞其实很需要我，但她希望我不是一个爱发命令、武断的母亲，而是一个亲密的朋友，这样她才能倾诉烦恼。而以前，我从未注意到这些。从那以后，我开始让她畅所欲言，而我总是认真地听。现在，我们的关系已经大大改善，我们成了好朋友。"

同样地，让别人说话，可能对你求职也有很大的用处。

最近，纽约《先锋导报》刊登了一则招聘广告，他们需要聘请一位有特殊能力和经验的人。查尔斯·克伯利斯看到广告后，把他的资料寄了出去。几天之后，他收到了约他面谈的回信。

"如果能在你们这家有着如此不凡经历的公司做事，我将会十分自豪。听说在 28 年前，当你开始创建这家公司的时候，除了一张桌子、一间办公室、一个速记员之外什么都没有，简直难以置信。这是真的吗？"在面谈的时候，克伯利斯对与他面谈的老板这样说。实际上，每个成功的人都喜欢回忆自己早年的创业经历，并且十分高兴别人能听他讲下去。这个老板也不例外。他跟克伯利斯谈了很久，谈了他如何依靠 450 美元现金开始创业，每天工作 12 到 16 个小时，在星期日及节假日照常工作，以及他最后终于战胜了所有的困难。最后，这位老板简单地问了克伯利斯的经历，然后对他的副经理说："我想他就是我们正在寻找的人。"

克伯利斯成功的原因可能没有这么简单，但是有一点十分重要：他聪明地提出了一个对方十分感兴趣的问题，并且鼓励对方多说话，因此给了老板很好的印象。

法国哲学家罗司法考说过："如果你想结仇，你就要比你的朋友表现得更加出色；但如果你想要得到朋友，那就要让你的朋友表现得更出色。"他的意思是，当你的朋友胜过你时，他们就会产生一种自豪感；但是如果相反，他们就会产生一种自卑感，并且开始对你猜疑和忌妒。

亨丽塔女士是纽约市中区人事局里与别人关系最融洽的工作

介绍顾问。但是一开始有好几个月，亨丽塔在同事中连一个朋友也没有。

"我的工作干得确实很不错，我一直很骄傲，"亨丽塔说，"奇怪的是，同事们不但不愿意跟我分享我的成绩，而且似乎很不高兴。而我渴望和他们做朋友。在上了这种辅导课之后，我开始按照它去做了，我开始少谈自己，多听同事们说话。我发现，其实他们也有许多值得夸耀的事。对他们而言，把他们的事情告诉我，比听我的自吹自擂更能让他们高兴。现在，每次我们在一起聊天的时候，我都会让他们讲他们的故事，共同分享他们的故事。只有当他们问及，我才略微地谈论一下我自己。"

有时候，弱化我们自己的成就会使人喜欢你。德国人有句俗语，大意是：最大的快乐，便是从我们所羡慕的强者那里发现弱点，从而让我们得到满足。是的，你要相信，也许你的一些朋友会从你的挫折或弱点中得到更大的满足。

有一次，一位律师在证人席上对埃文·考伯说："考伯先生，我听说你是美国最著名的作家，是这样吗？"考伯回答说："我不过是徒有虚名罢了。"

考伯的回答方法是正确的。你或许不知道是什么使我们不至于成为白痴，那并不是什么了不起的东西，只是你甲状腺中值5美分的碘而已，而如果没有那点东西，我们就会成为白痴。我们都没有什么了不起的。人终有一死，百年之后，我们中的绝大多数都会被人忘记。生命如此短暂，我们不应该对自己小小的成就念念不忘，这样会使人厌烦的。因此，如果你希望别人的看法跟你一致，使你们的谈话进入佳境，就要鼓励别人多说话——这是你必须要做的事情。

不要和别人争论

某位作家曾经讲过这样一个故事：

第二次世界大战后不久，我在伦敦得到了一个极为重要的教训。那时，我是澳大利亚飞行家詹姆斯的经理人。在大战期间和结束后不久，詹姆斯成了世界瞩目的人物。一天晚上，我参加了欢迎詹姆斯的宴会。那时，坐在我右边的一位来宾给我们讲了一段诙谐的故事，并在讲话中引用了一句话。

他指出这句话出自《圣经》，而我恰好知道这句话出自莎士比亚的作品。那时候，为了显得自己有多么突出，我毫无顾忌地纠正了他的错误。然而那人却说："什么？那句话出自莎士比亚？不可能，绝对不可能。"他坚持认为自己是对的。

当时，坐在我左边的是我的老朋友加蒙，他是一个研究莎士比亚的专家。我们让加蒙来决定我们谁是正确的。加蒙在桌子底下踢了我一脚，然后说："卡内基，你是错的，这句话的确出自《圣经》。"

宴会之后我们一起回家。我责怪加蒙说："你明明知道那句话是出自莎士比亚之口，为什么还要说我不对呢？"

"是的，一点都不错。"加蒙说，"那是莎士比亚的《哈姆雷特》第五幕第二场中的台词。可是卡内基，我们都是这个宴会上的客人，为什么我们一定要找出一个证据，去指责别人的错误呢？你这样做会让别人对你产生好感吗？你为什么不能给他留一点点面子呢？他并不想征求你的意见，也不想知道你有什么看法，你又何必去跟他争辩呢？记住这一点，卡内基：永远不要跟他人发生正面冲突。这是一个真理。"

"永远不要和他人发生正面冲突。"说这句话的人现在已经不在这个世界上了，可是我会永远记住这句话。

这个教训给了我极大的震动。我原来是一个固执己见的人，从小就喜欢跟人辩论。读大学的时候，我对逻辑和辩论十分感兴趣，经常参加各种辩论比赛。后来，我在纽约教授辩论课，甚至还计划着手写一本关于辩论的书。现在，我一想起这些事，就会感到十分羞愧。

那天之后，我又聆听了数千次辩论，并且十分注意每次辩论会之后产生的影响。我得出一个结论，它也是一个真理：天下只有一种方法能得到辩论的最大胜利，那就是像避开毒蛇和地震一样，尽量去避免辩论。

我还发现，在辩论之后，十有八九，各人还是会坚持自己的观点，相信自己是绝对正确的。

辩论产生的结果只能是失败，永远无法获胜。即使表面上你

高效能沟通——任何场合高效说服任何人

取得了胜利，实际上却与失败没有什么区别。因为就算你在辩论会上胜了对方，把对方驳得体无完肤，甚至指责对方神经错乱，可是结果又会怎么样呢？你自然逞了一时之快，自然很高兴，但是对方却会感到自卑。你伤了他的自尊，他会对你心怀不满。

你应该知道，当人们被迫放弃自己的意见而同意他人的观点的时候，就算他看起来是被说服了，实际上他反而会更加固执地坚持自己的意见。

巴恩互助人寿保险公司为他们的职员定下了这么一条规定：不要争辩。他们认为，一个好的推销员是不会跟顾客争辩的，即使是与最平常的意见不合，也应该尽量避免。因为人的思想是不容易改变的。

富兰克林的话正好可以说明这一点："如果你辩论、反驳，或许你会得到胜利，可是那胜利是短暂、空虚的，而你将永远也得不到对方对你的好感。"空虚的胜利和人们对你的好感，你希望得到哪一样呢？

在威尔逊总统任职期间担任财政部长的玛度，以他多年的从政经验告诉人们一个教训："我们绝不可能用争论使一个无知的人心服口服。"事实上大部分人都认为：你别想用辩论改变任何人的意见，而不只是无知的人。

还有一个故事是这样的：所得税顾问派逊先生，曾经为了一笔9000美元的账目问题和一位政府税收稽查员争论了一个小时。派逊的意见是：不应该征收人家的所得税，因为这是一笔永远无法收回的呆账。而那位稽查员却认为必须要缴税。

派逊在讲习班上讲了后来的情形：

"他冷漠、傲慢、固执，跟这种人讲理，就如同在讲废话。越跟他争辩，他越是固执己见。后来我决定不再继续跟他争论下去，于是就换了个话题，还赞赏了他几句。

"'由于你处理过许多类似的问题，'我这样对他说，'所以这个问题对你来说肯定是小菜一碟。而我虽然也研究过税务，但不过是纸上谈兵。你当然知道，这些是需要实践经验的。说实在话，我非常羡慕你有这样的一个职务，这段时间让我受益匪浅。'

"当然，我跟他讲的，也都是实在话。那位稽查员挺了挺腰，就开始谈他的工作，讲了许多他所处理的舞弊案件。他的语气渐渐平和下来，接着又说到自己的家庭和孩子。临走的时候，他对我说他打算回去再把这个问题考虑一下。

"三天后，他来见我，说那笔税按照税目条款办理，不再多征收。"

这位稽查员的身上，显露出了人性的一个常见的弱点，即希望得到别人的认同。当派逊跟他争辩的时候，他显得十分有权威，希望以此来建立自尊，而当派逊认同他的时候，他就随即变成了一个和善的、有同情心的人，从而自然而然地停止了争论。

释迦牟尼说过："恨永远无法止恨，只有爱才可以止恨。"因此，误会不能用争论来解决，而必须运用一定的外交手腕和给予别人的认同来解决。

林肯曾经这样斥责一位与同事争吵的军官："一个成大事的人，不应处处与人计较，也不应花大量的时间去和他人争论。无谓的争论不仅会有损你的教养，而且会让你失去自控力。尽可能对别人谦让一些。与其挡着一只狗，不如让它先走一步。因为如果被狗咬了一口，就算你把这只狗打死，也不能治好你的伤口。"我认为，林肯的话也应该成为你的行动准则。

永远不要指责他人的错误

在研究青年时代的林肯的时候，我惊奇地发现：胸襟博大的林肯一开始竟然是一个以指出别人的错误为乐的人。在他年轻的时候，他非常喜欢对别人进行评论，并且经常写信讽刺那些他认为很差劲的人。他常常把信直接丢在乡间路上，使别人散步的时候能够很容易看到。即使在他当上了伊里诺州春田镇的见习律师以后，他还是经常在报纸上抨击那些反对者。

1842 年的秋天，林肯经历了一件令他刻骨铭心的事情。当时他写了一封匿名信发表在《春田日报》上，嘲弄了一位自视甚高的政客詹姆斯·希尔斯。这封信使希尔斯受到了全镇人的讥笑。希尔斯愤怒不已，全力追查写信人，最后查到是林肯写的那封信。他要求和林肯决斗，以维护自己的名誉。本来林肯并不喜欢决斗，但是却无可奈何，只能答应。他选择了骑士的腰刀作为他的武器，并且请了一位西点军校毕业生来指导他的剑术。

在接下来的日子里，林肯一直处在一种十分愧疚和自责的状态下，因为这一切都是他指责对方的错误而导致的。他在这样的心态下等待着那惊心动魄的时刻的到来。幸好——非常意外地——在决斗开始的前一刻，有人出面阻止了这场决斗。

由于指责别人的错误而被迫与别人一决生死，这是多么愚蠢的一件事。林肯终于决定以后再不做这样的事情了。他不再写信骂人，也不再为任何事指责任何人。

内战期间，林肯好几次调换了波多马克军的将领，但是这些将领却屡次犯错。人们无情地指责林肯，说他用人不当。林肯并没有因此而对这些将领进行指责，而是保持了沉默。他说："如果你指责和评论别人，别人也会这样对你。"他还说："不要责怪他们，换作是我们，大概也会这样的。"

1863 年 7 月 3 日开始的葛底斯堡战役是内战期间最重要的一次战役。7 月 4 日，李将军率领他的军队开始向南方撤离。他带着败兵逃到了波多马克河边，他的前面是波涛汹涌的大河，身后是乘胜追击的政府军。对北方军队而言，这简直是天赐良机，完全可以一举歼灭李将军的部队，从而很快地结束内战。林肯命令米地将军果断出击，告诉他不用召开紧急军事会议。为了确保命令的下达，他不仅用了电报下令，另外还派了专门人员传达口信给米地将军。

结果呢？米地将军并没有遵照林肯的命令行事，而是召开了紧急军事会议。他借故拖延时间，甚至拒绝攻打李将军。最后，李将军和他的军队顺利地渡过了波多马克河，保存了实力。

当听到这个消息后，林肯勃然大怒——他从来没有这么愤怒过。失望之余，他写了一封信给米地将军。信的内容是这样的：

"亲爱的米地将军：

我不相信，你也会对李将军逃走一事感到不幸。那时候，他就在我们眼前，胜利也就在我们眼前。而现在，战争势必继续进行。既然在那时候你不能擒住李将军，如今，他已经到了波多马克河的南边，你怎么取得胜利？我已经不期待你会成功，而且也不期待你会做得多好。机不可失，时不再来，我对此深感遗憾。"

你可以猜测一下米地将军读到这封信的时候会有什么表情。但是，你可能会感到意外的是，他根本没有收到过这封信，因为这封信林肯并没有寄出去——人们是在一堆文件里发现它的。

林肯忘记把这封信寄出去了吗？这是不可想象的。众所周知，这是一封十分重要的信件。有人回忆了当时的情景：

"这仅仅是我的猜测……"林肯在写完这封信时，心里想道，"当然，也许是我性急了。坐在白宫，我当然能够看得更加清楚，也更加能够指挥若定。但是，如果我在葛底斯堡的话，我成天看见的是因为伤痛而号哭的士兵，或者成千上万的尸骨，也许那样，我就不会急着去攻打李将军了吧！我一定也会像米地将军一样畏缩的。现在，既然事情已经发生了，唯一能做的就是承认它。至于这封信，如果我把它寄出去的话，我想除了让自己感到愉快之外，将不会有任何其他的好处。相反，它会使米地将军跟我反目，迫使他离开军队，或者断送他的前途。这是大家都不愿意看到的。"

于是，林肯把那封已经装好的信搁在了一边。因为他相信，批评和指责所得的效果等于零。

林肯总统从以前总爱指出别人的错误到后来如此宽容的巨大转变，给我们树立了一个榜样。他以自己的切身经验告诉我们：永远不要指责他人的错误。

当年，西奥多·罗斯福入主白宫的时候说，如果他在执政期间能有75％的时候不犯错，那就达到了他的预期目的了。这位20世纪最杰出的人物尚且如此，那么作为普通人的你我呢？假如你确定自己能够做到55％的正确率，你就可以去华尔街，在那里你可以日进100万美元，丝毫没有问题。如果你没有这样的把握，那么你也不要去说别人哪里对哪里错了。

我现在已经不再像以前那样轻易地确定任何事了。20年以前，我几乎只相信乘法表；现在，我开始对爱因斯坦的书里所说的感到怀疑；而20年后，我或许也不再相信这本书里所说的话了。苏格拉底的那句话说得实在很精彩："我只知道一件事，那就是我什么也不知道。"我不敢跟苏格拉底相比，因此我也尽量不告诉别人说他们错了。

事实上，大多数人都不会进行逻辑性的思考，他们都犯有主观的、偏见的错误。多数人都有成见、忌妒、猜疑、恐惧以及傲慢的心理，而这些缺点将给他们的判断带来影响。如果你习惯于指出别人的错误的话，请你认真阅读下面的这段文字。它摘自于著名心理学家卡尔·罗吉斯的《怎样做人》一书。

"当我尝试了解他人的时候，我发现这实在很有意义。对此，你可能会感到奇怪，你可能会想：我们真的有必要这样去做吗？我认为，这是绝对必要的。我们在听到他人说话的时候，第一反应往往是进行判断或进行评价，而不是尽力去理解这些话。当别人说出某种意见、态度或想法的时候，我们总是会说'不错''太可笑了''正常吗''这太离谱了'等评论性的话。而我们却很少去了解这些话对说话人有什么意义。"

另外，詹姆斯·哈维·鲁宾孙教授在《决策的过程》中写了下面一段话，对我们也很有启迪意义。

"……我们会在无意识中改变自己的观念。这种改变完全是潜移默化而不被我们自己注意的。但是，一旦有人来指正这种观念，我们一般会极力地维护它。很明显，这并不是因为观念本身的可贵，而是因为我们的自尊心受到了伤害……在为人处世时，'我的'这个词既简单又重要。妥善地处理好这个词，是我们的智慧之源。无论是'我的'饭、'我的'狗、'我的'屋子、'我的'父亲，还是'我的'国家、'我的'上帝，都拥有同样巨大的力量。我们不仅不喜欢别人说'我的'手表不准或'我的'汽车太旧，也不喜欢别人纠正我们对于火星上水道的模糊概念、对于 E·Pictetus 一词的读音，以及对于水杨素药效的认识，或对于亚述王沙冈一世生卒年月的错误……我们总是愿意相信我们所习惯的东西。当我们所相信的事物被怀疑时，我们就会产生反感，并努力寻找各种理由为之辩护。结果怎样呢？我们所谓的理智、所谓的推理，等等，就变成了维系我们所习惯的事物的借口了。

在这样的情况下，我们得出的判断可靠吗？当然不可靠。既然自己都不能确信自己就是对的，我们还有资格对别人指手画脚吗？

当然，如果一个人说了一句你认为肯定错误的话，而且指出来对你们的交流会有好处的话，你当然可以指出来。但是，你应该这么说："噢，原来是这样的。不过我还有另外一种想法，当然，我可能不对——我总是出错。如果我错了，请你务必毫不客气地指出来。让我们看看问题所在。"

用这类话，比如"我也许不对""我有另外的想法"等，确实会收到神奇的效果。无论何时，无论何地，不会有人反对你说"我也许不对，让我们看看问题所在"。

柏拉图曾经告诉人们这样一个方法："当你在教导他人时，不要使他发现自己在被教导；指出人们所不知的事情时，要使他感到那只是提醒他一时忽略了的事情。你不可能教会他所有的东西，而只能告诉他怎么处理这种事情。"19 世纪英国的著名政治家查斯特费尔德对他的儿子这样说："如果可能，你应该比别人聪明；但绝不能对别人说你更加聪明。"

永远不要这么说："我要给你证明这样……"这对事情无益，因为你等于在说："我比你聪明，我要告诉你这样去做才是对的。"你以为他会同意你吗？绝对不会，因为你直接打击了他的智慧、他的判断力以及他的自尊。这永远不会改变他的看法，他甚至有可能起来反对你。即使你用严谨如柏拉图或康德的逻辑来和他辩论，你也不能改变他的看法。因为，你已经伤害了他的感情。

如果你确定某人错了，就直截了当地告诉了他，那么结果会怎么样呢？让我们来看看具体的事例，因为事例可能更有说服力。

F 先生是纽约的一位青年律师，最近参加了一个重要案件的辩论。这个案件由美国最高法院审理。在辩论中，一位法官问 F 先生："《海事法》的追诉期限是 6 年，是吗？"

F 先生有些吃惊，他看了法官一会儿，然后直率地说："审判长，《海事法》里没有关于追诉期限的条文。"

人们顿时安静了下来，法庭中的温度似乎降到了零度。F 先生是对的，法官是错的，F 先生如实地告诉了法官。但是结果如何呢？尽管法律可以作为 F 先生的后盾，而且他的辩论也很精彩，可是他并没有说服法官。

F 先生犯了一个大错，他当众指出了一位学识渊博、极有声望的人的错误，所以他失败了。他这样做有益于事情的解决吗？事实证明，一点也没有。

即使在温和的情况下，也不容易改变一个人的主意，更何况在其他情况下呢？当你想要证明什么时，你大可不必大声声张。你需要讲究一些策略，使对方在不知不觉中接受你的观点。

如果你想要在这方面找一个范例的话，我建议你读一读本杰明·富兰克林的自传。在这本书里，富兰克林讲述了他是如何改变争强好胜、尖酸刻薄的个性的。

富兰克林年轻的时候总是冒冒失失。有一天，教友会的一位老教友教训了他一顿："你可真的是无可救药。你总是喜欢嘲笑、攻击每一个跟你意见不同的人，而你自己的意见又太不切实际了，没人接受得了。你的朋友一致认为，如果没有你，他们会更加自在。你知道的东西太多了，没有什么人能够再教你什么，而且也没有人愿意去做这种事情，因为那是吃力不讨好的。可是呢，你现在所知又十分有限，却已经学不到什么东西了。"

富兰克林决定接受这尖刻的责备，实际上他那时候已经很成熟和明智了，但是他知道这是事实，而且对他的前途有害无益。富兰克林回忆说：

"我订下了一条规矩：不许武断、不允许伤害别人的感情，甚至不说'绝对'之类的肯定的话。我甚至不容许自己在自己的语言文字中使用过于肯定的字眼，比如'当然''无疑'等，而代之以'我想''我猜测''我想象'或者'似乎'。当我肯定别人说了一些我明明知道是错误的话，我也不再冒冒失失地反驳他，不再立即指出他的错误来。回答时，我会说'在某种情况下，你的意见确实不错；但是现在，我认为事情也许会……'等等。很快地，我就发现了我的改变所带来的效果。每次我参与谈话，气氛都变得融洽和愉快得多。我谦逊地表达自己的意见，不但让别人能够容易接受，而且还会减少一些冲突。而当我犯了错误的时候，我也不再难堪；当我正确的时候，更加容易使对方改变自己的看法而赞同我。

"一开始，采取这种方法的确跟我的本性相冲突，但是时间一长，也就越来越习惯了。在过去的50年里，我没有再说过一句过于武断的话。当我提议建立新法案或修改旧法律条文能得到民众的重视，当我成为议员后能具有相当大的影响力，都要归功于这一习惯。虽然我并不善辞令，没有什么口才，谈吐也比较迟缓，甚至有时还会说错话，但一般而言，我的意见还是会得到广泛的支持。"

在这一小节中，我并没有讲什么新的观念。你要知道，在将近2000年前，耶稣就已经说过："尽快跟你的敌人握手言和吧！"而在耶稣诞生之前的2000多年前，古埃及国王阿克图告诫他的儿子说："谦虚而有策略，你将无往不胜。"我们似乎也可以这么理解：不要同你的顾客或你的丈夫争论，不要指责他错了，不要刺激他，你需要讲究一些策略，这样你才会成功。这就是我要讲的。

勇敢地承认自己的错误

乔治·华盛顿总统在很小的时候就显示出了许多优秀的品格。他家的种植园中种有许多果树。有一次，乔治的父亲华盛顿先生从大洋对岸买了一棵品种上佳的樱桃树。华盛顿先生非常喜爱这棵樱桃树，他把树种在果园边上，并告诉农场上的所有人要对它严加看护，不能让任何人碰它。

一天，华盛顿先生交给乔治一把锋利的小斧子，让他去清理杂树，然后自己就出去了。乔治十分高兴自己拥有一把锋利的小斧子，拿着它在种植园中乱砍杂树。可能是因为太高兴了，他一不小心就砍倒了那棵樱桃树。

那天傍晚，华盛顿先生忙完农事，把马牵回马棚，然后来果园看他的樱桃树。没想到，自己心爱的树居然被砍倒在地。他问了所有人，但谁都说不知道。就在这时，乔治恰巧从旁边经过。

"乔治，"父亲用生气的口吻高声喊道，"你知道是谁把我的樱桃树砍死了吗？"

乔治看到父亲如此愤怒，他意识到是自己的一时冲动闯了祸。他哼哼叽叽了一会儿，但很快恢复了神志。"我不能说谎，"他说，"爸爸，是我用斧子砍的。"

华盛顿先生这时候已经冷静了下来，他问乔治：

"告诉我，乔治，你为什么要砍死那棵树？"

"当时我正在玩，没想到……"乔治回答道。

华盛顿先生把手放在孩子肩上。"看着我，"他说道，"失去了一棵树，我当然很难过，但我同时也很高兴，因为你鼓足勇气向我说了实话。我宁愿要一个勇敢诚实的孩子，也不愿拥有一个种满枝叶繁茂的樱桃树的果园。一定要记住这一点，儿子。"

乔治·华盛顿从未忘记这一点。他一直像小时候那样勇敢、受人尊敬，直至生命结束。

我们中的大多数人都像乔治·华盛顿一样，从小就被教育要诚实，但很遗憾的是，我们中的大多数人已经做不到这一点了。当然，我们可以找出各种理由来为自己辩解，来使自己能够既撒谎又心安理得。在多数情况下，我们为了维护自己的尊严，或者出于自我保护而拒绝承认自己的错误，即使承认错误不会给我们带来任何惩罚——拒绝承认错误好像成了一种下意识的行为，就算我们并不清楚是为什么。

这是一种可怕的行为。如果你确认自己犯了错误，唯一能做的就是承认它。这并不会给你带来多么严重的后果。愚蠢的人，总会想办法为自己的错误辩解或者掩饰，而聪明的人却恰恰相反，他们通常会毫不掩饰地承认自己的错误，因为这会给他带来更多的东西。

在纽约的一家汽车维修店里，曾经发生过一件勇敢地承认自己错误的事情。

布鲁士新进这家维修店不久，就因为热情的工作态度得到了老板和同事们的一致好评。

　　但是有一天，布鲁士由于一时大意，把一台价值 5 000 美元的汽车发动机以 2 500 美元的价格卖给了一位顾客。同事们给他出主意，让他立即追回那位顾客；如果追不回，还可以私下里垫上这 2 500 美元。可是布鲁士觉得这些方法都不好，他决定向老板承认错误。那些同事阻止他，认为他这么做简直太蠢了，因为这会导致他失去这份工作。但是布鲁士却坚持自己的意见。

　　布鲁士拿着一个装了钱的信封来到了老板的办公室。"对不起，布朗先生，"布鲁士说道，"今天，由于个人的原因，我犯了一个很大的错误，使维修店损失了 2 500 美元。我为我犯了这样的错误而感到羞耻，并打算辞去这份工作。在走之前，我打算把这笔损失补上。这是我的 2 500 美元赔款，请您收下。"

　　老板听后，沉默了一会儿，然后对布鲁士说："你真的打算这么做吗？"

　　"是的，布朗先生，"布鲁士回答道，"我把发动机的价格搞错了，确实是我犯下了这个错误，因此只有我自己来承担这个责任。我本来可以去找那位顾客，但是这样会损害维修店的声誉。而我，对这件事情负有全部的责任。因此，我只能这么做。"

　　布鲁士这种勇敢承认自己错误的行为打动了老板。他知道，任何人都会犯错误，关键是要有承认和改正自己的错误的勇气。所以，老板并没有批准布鲁士辞职，而是给了他更大的发展空间，也更加器重他，而布鲁士则因为勇敢地承认自己的错误而获得了比 2500 美元多得多的东西。

史狄芬是一家裁缝店的老板，由于他经营有道，裁缝店的生意很好。一天，一位叫哈里斯的贵妇来到店里，要求赶做一套晚礼服。史狄芬做完礼服之后，却发现礼服的袖子比要求的长了半寸。不幸的是，他已经没有时间再进行修改了，因为哈里斯太太规定的时间已经到了。

当哈里斯太太来到店里取她的晚礼服的时候，她并没有发现有什么问题。她试穿上晚礼服，发现它为自己平添了许多气质，于是连连称赞史狄芬的高超手艺。不料，等她试完之后打算按照原定的价格付钱时，史狄芬却拒绝接受。于是，哈里斯太太问他为什么。

"太太，"史狄芬说，"我之所以不能收你的钱，是因为我犯了一个很大的错误——我把你的晚礼服的袖子做长了半寸。我很抱歉，我希望你能够原谅我。如果你能够给我一点时间的话，我将免费为你把它做成你需要的尺寸。"

哈里斯太太听完话后，一再强调她对这件礼服很满意，而且并不在乎袖子长那么半寸。但是，她却无法说服史狄芬接受这套礼服的钱，最后，她只得让步。

哈里斯太太回去对她的丈夫说："史狄芬以后一定会出名的，他认真地工作、精湛的技术、诚恳的态度使我坚信这一点。"

事实果然如此，史狄芬后来成了世界有名的服装设计师。

我可以举出上千个这样的例子来，但是我没有必要这么做。

这个道理人人都懂，只是实行起来有一些困难罢了。我想要强调的是，如果你确实想要成功，就一定要勇敢地承认自己的错误。

使对方一开始就说"是"

伟大的苏格拉底是历史上赫赫有名的思想家。他所做的事情没有几个人能够做到。他彻底改变了人类的思想进程，同时也是最影响这个世界的劝导者之一。

他的方法是告诉别人他们是错误的吗？当然不是。他的方法被称为"苏格拉底辩论法"，就是以对方肯定的答复作为这种方法的辩论基础。他提出的每一个问题，都会得到别人的赞同；然后，他连续不断地获得肯定的答复；最后，反对者会在不知不觉中承认苏格拉底的观点而放弃自己的观点。

这是不是很神奇呢？是的，但是如果你愿意的话，你也可以做到。方法很简单，那就是记住一开始的时候，要不断地让对方说"是，是"，千万不要让他说"不"。

在跟人交谈的时候，不要一开始就谈论一些你们可能有分歧的事，你应该先强调你们都同意的事，并且需要不断地强调。然后，强调你们双方都在追求同一目标，试着让对方知道，即使你们有分歧，那也只是方法上的分歧，而不是目标上的。

让我们先来看一个例子。

纽约格林尼治储蓄所的出纳员詹姆斯·艾伯森是卡内基训练班的学员，他曾经对这个策略深有感触。

　　"那天，"詹姆斯·艾伯森回忆说，"一个人走进来要开户，我让他先填写一些表格，其中有些问题他愿意回答，另外一些他根本不想回答。如果在以前，遇到这种情况，我会告诉这位顾客，如果他不向我们提供这些资料，我们就会拒绝为他开户。那样的'警告'使我很愉快，因为这好像在说只有我说话才算数。但是，显而易见，这样的态度将使我们的顾客有种不被重视的感觉。

　　"因为上了训练班的有关课程，我决定不跟他谈银行的规定，而是谈顾客的需要。所以，我同意了他的做法。我告诉他说，那些他拒绝填写的内容并不是绝对必要的。

　　"'但是，'我引导他说，'假如你去世，你不希望把存在我们银行的钱转移给你的亲属吗？'

　　"'当然。'他说。"

　　"'难道你认为，'我继续说，'将你最亲近的亲属的一些资料告诉我们，使我们能够在你万一去世的时候准确无误地实现你的愿望，不是一个很好的办法吗？'"

　　"'是的。'他又说。"

　　"就这样，最后他终于相信我们要这些资料的目的是为了他，他的态度就转变了。他不仅把他自己的全部资料告诉了我，还根据我的建议，开了一个信托账户，指定他的母亲为受益人，并爽快地填写了关于他母亲的详细资料。"

詹姆斯·艾伯森发现，一旦让那个顾客开始就说"是，是"，顾客便忘了他们之间的争执，并且愿意做詹姆斯所建议的事。

如果让人一开始说"不"，会有什么后果呢？我们来看看阿弗斯特教授在他的《影响人类的行为》一书中所说的一段话：

"一个'不'的反应，是最难克服的障碍。人只要一说出'不'，他的自尊心就会促使他固执己见。当然，也许以后他会觉得'不'是不恰当的，然而一旦他考虑到宝贵的自尊，他就会坚持到底。所以，一开始就让人对你采取肯定的态度极为重要。"

他接着说，人的这种心理模式显而易见。当一个人说了"不"以后，如果他的内心也加以否定，他全身的各个组织都会协调起来，一起进入一种抗拒状态；反过来，如果他说了"是"，情况就会恰好相反——他的身体就会随之处于前进、接受和开放的状态，这将有利于改变他的看法或意志，使谈话朝积极的方向发展。

如果一开始的时候就使一位学生、顾客或你的孩子、妻子说"不"，那么，即使你有神仙般的智慧和耐心，也无法使那种否定的态度变为肯定。

其实，想得到对方的肯定其实并不难，只是人们忽略了如何去做。人们总是希望一开始对方就同意自己的看法，如果别人不同意的话，就急切地想驳倒对方，以获得对方的认同。他们或许认为这样做能够显示出自己的高明和突出。然而不幸的是，这种态度往往会适得其反。所以，最好的办法就是，一开始就让对方说"是，是"。

西屋公司的推销员雷蒙负责推销的区域内有一位富翁。雷蒙的前任和他花了13年的时间对这位富翁进行推销，但是直到最近，才使这位富翁答应购买了几部发动机。而当雷蒙再次去拜访他的时候，他却声称以后不会再订购西屋公司的发动机了，原因是他认为这些产品太热，不能把手放在上面。

雷蒙知道如果与他争辩的话，无疑会是徒劳。于是雷蒙打算找出让对方说"是"的方法来。

雷蒙对那位富翁说："史密斯先生，我完全同意你的看法。如果我公司的发动机确实过热的话，你不应该再买。你花了钱，当然不希望买到热量超过标准的发动机，是不是？"

"是的。"史密斯说。

"你知道，"雷蒙接着说，"电工行会的规定是，一架标准的发动机的温度不能比室内温度高72华氏度，是这样吗？"

"是的。可是你的发动机却高出了这一温度。"史密斯说。

"你工厂的温度是多少？"雷蒙问他。

"75华氏度。"史密斯想了一会儿然后说。

"这就对了，"雷蒙笑着说，"75华氏度加上72华氏度等于147华氏度。如果你将手放在147华氏度的水里，你会不会被烫伤呢？"

史密斯不得不说："会的。"

"那么，"雷蒙继续说，"我建议你最好不要把手放在147华氏度的发动机上面。"

　　"我想你是对的。"史密斯说。接着他们又谈了一会儿，最后，史密斯答应在下个月订购西屋公司35000美元的产品。

　　雷蒙总结说："我最后才知道，争辩不是聪明的办法。我们要站在对方的立场上去看问题，要设法让对方说'是，是'，这才是真正迈向成功的方法。"

第六章
DI LIU ZHANG

沟通有策略，
不仅让人听得懂，
更要愿意听

从对方最得意的事情上寻找突破口

要想赢得对方的好感和认同，达到说服效果的最佳突破，就得从对方感兴趣的事入手。谈对方感兴趣的事，对方一定是很乐意的，而且可以把两个人情感上的距离拉近许多，这是打破僵局、说服别人的捷径。

每个人都希望别人认可自己，喜欢得到别人的重视和关心。如果在谈话时你能巧妙地谈到对方，提及他得意的事情，他肯定会对你有好感，甚至视你为知己。因此，无论是与朋友还是客户交谈，多谈一谈对方的得意之事，这样容易赢得对方的赞同。如果恰到好处，他肯定会高兴，并对你心存好感。

杨先生是一位公司经理，身高一米八，英俊帅气。由于业务关系，他经常与台湾商人打交道。

有一次，在一个知名的展览会上他遇到了一位女台商。杨先生马上走过去，和她热情地打招呼，交换名片。拿过来一看，她叫林静玉，便立刻说道："林小姐，你这名字起得好。"

女台商问他："我的名字有什么好？"

杨先生说："你看，林静玉，跟林黛玉就差一个字，比她还文静，其实你长得也像你们台湾的一位电影明星。"

女台商兴趣大增，接着问："我像谁？"

杨先生认真地回答："特别像林青霞。"

"哎呀，还真有不少人说我像林青霞呢。"女台商高兴地接受了杨先生的判断。

这时，杨先生说出了聪明才智的一句话："你们林家怎么尽出美女呀！"

听后，林静玉咯咯地笑个不停。后来，他们成了好朋友，彼此成功地合作过许多项目。

从上面的故事中我们不难看出，适时地从别人最开心的事情谈起，引起对方的荣耀感，杨先生不但成功取得业务上的拓展，还因此得到了一份友谊。事实上，每个人潜意识里都会有虚荣心，都愿意被人夸赞，这样的说服方式是很容易让对方接受的。

每个人都有一些自己认为值得纪念的事。如果能预先打听清楚，在有意无意之间，很自然地讲到他得意的事情，只要他对你没有厌恶的情绪，只要他没有其他不如意的事情，在情绪正常的情况下，他一定会高兴地听你说的，当然此时说服他就容易得多了。

因此，在说服别人的时候，你可以先扮演一个捧人的角色，了解对方特别的爱好或是开心的事情，在关键的时刻提一提，让对方知道你对他的关注和重视。这样，你在展开说服的时候，才不会遭到抗拒。

比如，一个人给你看了他小孩的相片，你就要顺势夸夸他的小孩。反之，你没有任何表达地放回原处，对方肯定会不高兴；

如果有人升职了，第二天见到他，用最新的头衔称呼他，再夸赞一下他的能力，以及拿自己或别人的现状做对比，对方一定乐于笑纳。

你在说服的时候当然要注意技巧，表示敬佩，但不要过分推崇，否则会引起他的不安。对于这件事情的关键，要慎重提出，加以正反两方面的阐述，使他认为你是他的知己。到了这种境地，他自然会格外高兴，会亲自讲述，你应该一面听、一面说几句表示赞赏的话，如此一来，即使他是个冷静的人，也会变得和蔼可亲，你再利用这个机会，稍稍暗示你的意思，进行试探，作为第二次进攻的基点。

不过对方得意的事情要从哪里去探听，那当然要另谋途径，试着在你的朋友之中找一下是否有与对方交往的人，如果有，向他探听当然是最容易的。如能留心报纸上的新闻或其他刊物，平日记牢关于对方的情况，到时便可以应用。

此外，随时留心交际场合中的谈话，像这些时候谈到对方得意的事情，也是很平常的。但是必须注意，对方得意的事情，是否曾遭到某种打击而消灭，如有这种情形，千万别再提起，以免引起对方不快，反而对你不利。

不过当你提出请求时，第一，要看时机是否成熟，第二，说服过程中要不卑不亢。过分显出哀求的神情，反而会引发对方藐视你的心理。尽管你的心里十分着急，但说话表情还是要表现大方自然，不要只为自己打算，而是要说出为对方着想的理由来。

总之，说服别人并不难，关键在于怎样让对方接受你。抓住时机，适时切入对方爱听的话，自然让对方心花怒放，不会再刻意保持距离。

要想提高说服力，就要顺着对方的思路走

在说服别人的时候，不要急着表明自己的立场，先听别人说话，多点头，表示你在专注与附和。先顺着对方的思路引导，让对方觉得你是站在他的立场，征求他的意见，而不是想要改变他的观点，这样他就会放松警惕，顺着你的思路，最终达到你想要的效果。

对于无关紧要的事，没必要过于坚持己见，多点头就可以了。在《史记·滑稽列传》有一个"优孟谏楚王葬马"的故事：

楚庄王有一匹心爱的马，给它穿华美的衣服，养在富丽堂皇的屋子里，用蜜饯的枣干来喂它。结果这匹马因为喂得太肥，反倒死了。庄王非常痛心，派群臣给马办丧事，要用棺椁盛殓，依照大夫那样的礼仪来葬埋死马。众臣相劝，认为不可以这样做。庄王下令说："有谁再敢以葬马的事来进谏，就处以死刑。"

优孟听到此事，走进殿门，仰天大哭。庄王诧异，问其缘故，优孟答道："这是大王您最喜爱的马呀，理应厚葬！堂堂楚国，地大物博，国富民强，什么排场摆不出来呀，而大王只以大

夫的丧礼来葬马,太寒酸了!我看应以国君的葬礼来安葬它。"

庄王问:"那该怎么办呢?"

优孟说:"应以雕玉为棺,文梓为椁,调动大批士卒修坟,征用大批百姓负土。送葬时,让齐国、赵国的使节在前面陪祭,让韩国、魏国的使节在后面护卫;为它造起祠庙,祀以太牢之礼,奉以万户之邑。这样一来,诸侯各国就都知道大王把马看得很尊贵,把人看得很卑微了。"

庄王一听,突然醒悟过来,深责自己险些铸成大错,遂打消了用大夫之礼葬马的念头。

庄王葬马,是一件很荒谬的事情。但正面规谏,明显无法取得效果,甚至会因此丧命。优孟的聪明之处就在于他没有继续直谏,而是采用顺水推舟的策略,顺着庄王荒谬的思路向前延伸,把楚庄王认为合理的东西做了极端的夸张,让楚庄王本人意识到行为的荒谬,才心悦诚服地弃非从谏。

由此可见,我们在说服别人时,要把说服对象的注意力转移到对方感兴趣的地方去,让对方清楚自己的行为最终可能导致的结果,对方自然而然知道你想要表达的思想,从而取得良好的效果。

顺着对方的思路去接近对方,一定要确定自己的行动目标,把握正确的行动步骤和方法,适时观察对方的反应,迅速地做出调整和应对。唯有如此才能使对方心悦诚服,达到说服的目的。如果你固执己见,和对方立场相对,把说服演变成争辩,当然会距目标越来越远了。

再看一则战国时代著名的军事家、大谋略家孙膑说服齐威王上山的故事：

一天，齐威王和孙膑来到一座山脚下。

"你能让我自愿走上山顶吗？"齐威王忽然问孙膑。

"陛下，我实在没有能力让您自愿走上山顶。不过，如果你在山顶上的话，我倒是能让您自愿走下来。"孙膑自信地说。

齐威王根本不信，就随孙膑上到了山顶。

"陛下，我已经让您自愿走上山顶了。"孙膑笑着说。

这是一个很典型的案例。这个策略主要是让对方出乎意料、意想不到。齐威王提此要求，意在不论孙膑使用何种手段，坚决不上山。但孙膑却采用先顺着齐威王的意思示弱，居然和他站在同一边。如此一来，孙膑以暂时的妥协退让引齐威王上套，让他在不知不觉中进入自己的预谋，最终成功说服齐威王上山。

所以，与他人交谈时，先不要急着切入正题，应当灵活地使对方在不知不觉当中落入你预先布置好的"陷阱"之中，从而达到自己的说服目的。

想要提高自己的说服力，顺利地说服别人，就要了解对方的想法，站在对方的立场、顺着对方的意思用语言消除对方的抵触心理，再因势利导，进而达到说服的目的。具体可以从以下几点做起：

1. 学会多听

如果在说服中，一味地给别人灌输自己的观点，则犯了说服的大忌。每个人都有发表欲，尤其是在社会上取得一些成就的人士。当对方展开长篇大论时，可先做一个倾听者来满足对方的虚荣心，同时在对方的言语中了解对方的观念。然后顺着他表达的意思，表示赞同和钦佩，同时在适当的时机提出一些问题让对方给予指导。如此一来，对方心情大好，很可能会对你敞开心扉。说服第一步便有了成效。

2. 不对被说服对象的观点正面否定

当你和说服对象在交谈过程中，无论他的观点你多么不认同，也不要正面否定。因为，一个人的思维不会因别人的抗拒而轻易改变。同时，你正面的否定会让对方下不了台面，甚至会因此和你起冲突。最终导致结果背道而驰。

3. 借势引导

这是说服过程中最关键的一步，如果你顺着对方的思路已经达到让对方满足的目的，此时，把你的意思顺势巧妙地表达出来，不要引起对方的抗拒和不快。这个"巧妙的表达"就是引导。也就是说，在整个说服过程，一定要时时把握住"引导"的方向不变，才能达到你想要的效果。

总之，要想提高自己的说服力，就要学会因人因事制宜，用对方最容易接受的方式，在最恰当的时机说。

让对方扮演高尚的角色

每个人的行为都会有一定的理由，在自己看来这样做一定是很好或者是的确很好。每个人在内心深处都会将自己理想化，都喜欢为自己的行为动机寻找一个完美的解释。所以，如果想说服别人改变自己的想法，那么就需要激发他的高尚动机，赋予他一个高尚的角色。

有一位公司的高管，为了让客户对自己的工作有更深的了解，会为他们收集一些资料。他还常常会送书给员工，希望能让员工的工作想法如同自己的一句话："努力赚钱，是为了有能力去做善事。"这样，他的员工们便能从做善事的角度上消除工作的疲劳和抱怨，满足了他们潜在的高尚的动机。这样，那位主管便轻而易举地将集体的斗志带到最高点。

石油大王洛克菲勒极不喜欢摄影记者拍摄他子女的照片，便对记者们这么说："你们也是有孩子的人，一定了解我的感受。你们一定也知道，太出风头对小孩子是很不好的。"洛克菲勒巧妙地用等同心理给记者们设计了一个"不愿伤害孩子"的高尚角色，并让大家在这样一个角色里不可能再对孩子进行骚扰。

由此可见，每个人都很容易受到别人所给他的"角色"的影响。因为，人们的内心都是理想主义，比较喜欢别人给予的高尚角色，从而使自己的自尊心得到满足。于是，便不得不按照你为他设计的"角色"去行动，也就是说，他一旦愿意受到这个角色的约束，便很容易被你说服。

这种说服方法在秦朝时已经得到应用：

有一次，秦始皇因某事与大臣中期发生了激烈的争论，但没有争赢。而争赢了的中期竟然连一句客套话都没有就大摇大摆地走了。

争强好胜的秦始皇觉得脸上无光，不禁勃然大怒。秦始皇的暴戾专横是出了名的，他要杀一个臣民就像捏死一只蚂蚁那样容易。因此，许多大臣都为中期捏了一把汗。这时有个大臣想救中期，赶紧出来打圆场。

他对秦始皇说："中期这个人是个蛮人，性子生得这么倔，幸亏他遇上了您这样豁达宽容的明君，要是遇上桀、纣那样的暴君，那他肯定要被杀头的。但是，您作为一国之君，如果这样好动怒，岂不有失您的英名吗？"秦始皇听了，心里美滋滋的，也就不再把这件事放在心上了。

这位大臣的进言，妙就妙在他的先扬后抑法运用得恰到好处，他在秦始皇怒气尚未发作之前便抢先一步采取扬的办法恭维秦始皇是明君。如果秦始皇接受恭维的话，那么就必须心胸宽阔。反之，若是心胸狭窄，动辄以势压人，滥施淫威，那就不是明君则是暴君了。这样，便把秦始皇逼到了进退维谷的境地，有效地抑制了秦始皇恼怒的情绪，使他不得不显示出豁达、宽容的态度，原谅了倔强无礼的中期。

生活在社会中的每个人，都希望他人能发现自己的优点和长处，从而肯定自己的价值。

因为每个人都有高尚的潜在品质，如果你能够及时地用恰当的方式说出来，这样既能迎合他的自尊心，让他感到很有面子；又能顺利地改变对方的想法，达到说服的目的。所以，想要说服他人接受自己的想法，就要给对方一个高尚的角色去扮演。

从上面的故事中，可以概括出在说服中要正确使用这种说服方法，至少要注意以下三点：

1. 用积极的语言

在正常情况下，每个人都有从善心理，所以在面对一个被说服对象时要针对对方善良的那一面，来启发和诱导他们。赋予他们一个高尚的理由，接受你的观点。事实证明，这是一种行之有效的方法。

2. 用愿景激励

在说服中，把自己的目标改成对方的愿景，让对方明白改变自己的观点后会给别人、给自己带来怎样一个好的影响。然后顺着这条思路，对长远有一个美好的期许。这将激发对方接受你。

3. 用真诚的态度

当一个人觉得你是真正认为他诚实、公道、正直的时候，他就会努力去印证你的直觉！所以，你需要去给对方表现他高尚的机会或借口，这样才能更好地处理你和对方之间存在的问题。

总之，没有一种方法可以确保适用于任何人，没有一种方法可以在任何情况下都能产生好的效果，但是当你没有任何主意的时候，不妨尝试一下这种方法。

让对方一步一步说"是"

每个人都有自己的思维定式，你习惯向某一个方向思考问题时，你就会倾向于一直考虑下去，这就是为什么有些人一旦沉醉于某些消极的想法之后，一直难以自拔的道理。在说服别人时，我们可以运用这一原理。

在与人讨论某一问题时，不要一开始就把自己的不同意见摆出来，剑拔弩张，而应先讨论一些你们具有共识的事情，让对方不断说"是"，渐渐地，你慢慢提出双方存在的分歧，这时对方也会习惯性地说"是"，一旦他发现之后，可能已经晚了，只好继续说下去。

布朗是格林尼治储蓄银行的一名出纳，他就是采用这种办法挽回了一位差点失去的顾客。

一次，有个年轻人走进银行大厅的窗口前说要开个户头。布朗先生听了，马上递给他几份表格让他填写，但年轻人却以不愿泄露个人信息为由，断然拒绝填写有些方面的资料。

布朗说："我可以理解你不愿泄露自己的相关信息，这种警惕是值得提倡的。但是，假定你遇到意外，是不是愿意银行把钱转

高效能沟通——任何场合高效说服任何人

给你所指定的亲人？"

年轻人说："是的，当然愿意。"

布朗说："那么，你是不是应该把这位亲人的名字告诉我们，以便我们届时可以依照你的意思处理，而不致出错或拖延？"

年轻人："是的。"

这时，年轻人的态度已经缓和下来，他知道这些资料并非仅为银行而留，而是为了他个人的利益。

最后，这个年轻人不仅认真地填下了所有资料，而且在布朗的建议下，还开了一个信托账户，指定他的母亲为法定受益人。当然，他也填写了所有与他母亲有关的真实资料。

由于布朗一开始就让不愿配合工作的年轻人回答"是，是的"，这样反而使他忘了原本存在的问题，而高高兴兴地去按布朗先生建议的那样去做。

让对方在一开始就说"是，是的"。假如可能的话，最好对方没有机会说"不"。"是"的反应其实是一种很简单的技巧，却为大多数人所忽略。懂得说话技巧的人，会在一开始就得到许多"是"的答复。这可以引导对方进入肯定的方向，也许有些人以为，在一开始便提出相反的意见，这样不正好可以显示出自己的重要而有主见吗？在不能使对方认同你的观点之前，一味地争辩是没有用的。学会让对方开口说"是"，之后不停地说下去，直到他对你提供的方案也点头说"是"，你的说服工作就成功了。

如果你能将事情做得像是对方自己做的决定，而不是他在你的劝说下勉强做的选择，那么，不必你再去说服，他自己就会点头称是，与你合作了。

没有人愿意被别人强迫去做事，大家都喜欢自己去设计、自己去选择。如果你满足了对方"自我表现"的欲望，他会很高兴地配合你的工作，因为他认为这其中包含他的思想和创意。

说服他人其实就是这么简单，只要你找到了让他开口说"是"的方法。所以，在谈话开始的时候，如果能够引导对方说出更多的"是"，那么之后的建议或意见，就比较容易获得对方的认可。

说服别人，一定要有耐心

俗话说，"心急吃不了热豆腐"。在说服过程中，如果你的观点是对的，人家听了你说服的内容，立刻点头叫好，改弦易辙，并称赞你"一语惊醒梦中人"，这自然是最妙不过的。

不过，每个人对事物的看法并不是一天形成的。有时候，要对方同意你的观点，也并非轻易之事。

因此，在说服他人之前，你要有长期做说服工作的心理准备。对于"成见"这座大山，今天挖一个角，明天铲一块土，逐步解释你的观点，日积月累，双方就会达成某种共识。

某科技公司董事长仝先生，想说服龚先生购买他们公司新发明的感光纸，但行间一直传说龚先生对这类新技术、新发明一向不感兴趣。

在一次拜访中，仝先生客气而耐心地向龚先生解说新发明的感光纸，在交谈中细心观察龚先生的反应。

一次、两次……六次、七次，一再拜访。有一天，龚先生不耐烦了，大喊："我说不行就是不行，要讲几次你才了解。"

他生气了，证明他已经开始在意你的行为了，事情似乎有了转机。仝先生认为："既然你已经生气了，让你情绪稳定下来就太可惜了。"于是，仝先生第二天清晨又去了。

"昨天跟你讲过，怎么你又来啦！"

"哦，昨天很难得挨骂，所以我又来了。"仝先生微笑着回答，"今天只是为了和你道个歉，打扰你了，再见！"龚先生一下子呆住了，而仝先生认为他已经有了反应，达到了一定效果，所以暂时应以退为进。

第三天一早他又去了，再次接触时，龚先生终于提出让仝先生再细致地讲述一遍新发明的感光纸的特点和先进性。

最终的结果不言而喻，龚先生在仝先生的耐心说服下接受了他们公司的新产品。

从这个故事里可以看出，看似很难成功地说服，在耐心坚持下，还是会有转机的。所谓"贵在坚持"，如果仝先生没有坚持一而再、再而三地拜访，事情肯定就是另一种结果了。

说服是一种通过直接接触，并交换意见，从而改变态度的方式，这种方法最明显的特征是双向沟通。如果你一时无法说服别人，切记一定不能犯过分心急的毛病。如果你急于求成，反而会弄巧成拙。

在说服的过程中，如果对方比较精于逻辑思考，一边听你的理由，一边还能冷静地思考分析，这个时候你不能只是认为自己的理由充分，就急于让对方给你明确的结果。他不会立刻相信你的话，但要求你说话有根有据，条理分明，然后他再分析思考。

每个人的观点、想法都不同，这取决于每个人的生活环境的不同。如果与他人交往过程中，固执地认为自己的想法是绝对正确的，对方必须"一说就服"，甚至无条件地认同自己，这样的想法会使自己的人际交往失衡，事实也不会像自己预见的那样顺利地达到说服目的，反而可能导致自己陷于孤立的状态。

每个人都有坚持己见的本能，这种本能是不可轻易改变的。直接的说服往往会遭到直接的拒绝，这个时候，不妨先退出一段距离，找到其他的切入点，然后一点一点地介入，一步一步向目标接近。

在社会交往中，说服别人是我们常常要面对的一个问题，大到思想观念，小到生活琐事。然而，成功地说服别人并不是那么简单的事，这就要求在说服别人时不可急于求成，不可把自己的观点强加于人。要做到有耐心地逐步说服对方，要从以下几点着手：

1. 以退为进，调节气氛

先由对方不经意的问题切入，先对对方的观点表示赞同，以退为进，制造出一个融洽的谈话氛围，再层层递进，步步深入，逐步引向实质性问题，使对方随从说服者层层推论的思维轨迹，渐渐接受说服者所讲的事理。

2. 多制造与对方见面的机会

要说服一个人，就要做好长期说服的心理准备。与对方会面时，谈话的内容不要给对方造成负担，以免使对方生反感，留有再见面的余地。为了达到这一目的，切忌在谈话一开始就直接涉及说服主题，最好先轻松地谈谈其他话题。值得注意的是：自始至终，都应该保持温和的态度，必要时可以顺从对方。

3. 单一而明确的目标

在说服过程中必须保持单一而明确的目标，如果目标不清或目标含混，你的说服就显得漫无目的，所有的交谈就达不到想要的效果，甚至会发生"言多必失"的情况。例如，推销员在推销商品时，仅仅一味地、滔滔不绝地说一大堆顾客根本不想听的话，往往只会引起反感。

所以，明确自己的说服目标能为自己的努力决定方向，如果你的想法、措辞不能够达到你想要的效果，就重新来过，再组织新语言。如果明确地知道自己的目标所在，就要坚持到底，坚持到最后时刻，不放弃。很多人都因为没有足够的耐心而丧失了很多机会。

总之，说服的过程是说服者对被说服者攻心的过程，也是被说服者心理渐变的过程。只要你有足够的耐心，就能取得理想的说服效果。

隐藏劝说的动机

有这样一种现象：越是禁止的东西，人们越感兴趣；越难得到的东西，就越显得珍贵。为什么会出现这种现象呢？心理学家认为：人类有一种探究的本能，遇事都想知道究竟，以揭示其奥秘。就是这个本能激发了人们的好奇心，驱使人们去解开事物的真相。

在说服过程中，我们可以利用这个道理，通过制造悬念或者新奇的话题勾起对方的好奇心。在劝说别人的时候为了增强信息的影响力，就需要把劝说动机巧妙地"隐藏"起来，使对方产生放松戒备的心理，同时吸引对方的注意力。由于勾起了对方的兴趣，说服会变得更加容易。

有这样一个事例：一群孩子经常在一位老人家门前嬉闹，叫声连天。一段时间过去，老人觉得难以忍受了。于是，他出来给了每个孩子五块钱，对他们说："你们让这儿变得很热闹，我觉得自己年轻了不少，这点钱表示我的谢意。"孩子们很高兴，第二天仍然来了，一如既往地嬉闹。老人再出来，给了每个孩子四块钱。他解释说，自己没有收入，只能少给一些。四块钱也还可以吧，孩子仍然兴高采烈地走了。第三天，老人只给了每个孩子两块钱。孩子们勃然大怒："一天才给两块钱，知不知道我们多辛苦！"他们向老人发誓，他们再也不会为他玩了！

在这个故事里，老人为了达到孩子不再在他门前闹腾的目的，在说服孩子的过程中采取了一些策略。他并没有先将自己的动机直接表达出来，而是通过改变孩子们玩耍的动机，达到了自己的目的。

由此可见，在改变别人的态度时，可以使某种劝说信息保持一种神秘感，故意泄漏一部分给被劝说者。根据逆反心理的特点，就可能引起人们对这一信息的重视，使他们毫不怀疑地接受它，进而正中自己的下怀，达到了说服对方的结果。

战国时，齐国宰相田婴想要在自己的领地内筑城，他的这个想法遭到了几乎所有门客的反对。门客们认为，实施筑城计划会引起田婴和齐国王室的摩擦，进而可能导致田婴失去政治权利。然而，田婴却固执己见。于是，他就对看门的仆役说："如果再有门客登门造访，一定不要让他们进来。"

果然，又来了一位门客，这位门客苦苦地向仆役恳求，并在门外大声地喊："我只说三个字，多一个字，我都愿受刀斧而死。"听他这样说，田婴破例接见了他。这位门客果然只对田婴说了"海""大""鱼"三个字，说完后，他转身就走。

这位门客这一走，让田婴怎么想也不明白他到底想要说什么。于是，他叫住这位门客，问道："你到底想说什么？"这位门客回答道："海里的大鱼很厉害，能够将钓住它的鱼线、渔网挣断、挣破，让人很难捉到它。然而，像这样厉害的大鱼，如果想离开水，到更加广阔的天空里去畅游，恐怕只会被渴死。对你而言，你筑城是为了摆脱国王的束缚，拥有更加广阔的天空，但是同时，你也会失去齐王的有力支持，进而失败。"最后，田婴被这番话打动，打消了筑城的念头。

生活中，要想说服一个固执的人是非常困难的，其心理往往处于一种紧张、封闭的状态，正面去说服，很可能会像其他人一样碰钉子。相反，如果把自己的劝说动机隐藏起来，制造悬念引发对方的好奇心，利用转移对方注意力来缓解对方抗拒的情绪。让对方用心地听你讲，这些无疑是成功说服对方的前提。

想要说服别人，就要先勾起对方的好奇心。对方为了让自己的兴趣得偿所愿、满足自己的好奇心，面对你的任何想法，自然都能接受。要利用人们的这一特点来说服对方，要了解以下几个方面的问题，否则将徒劳无益：

1. 从改变外部因素着手

面对不可能直接说服的对象，要从改变外部因素着手。就像上面故事里的老人，用钱将孩子们原本自娱自乐的玩耍变成为了钱而玩耍。之后一再改变钱的数额，导致孩子们的不满，最终达成了他最初的期望。要想说服别人改变当前的状态，就要让他清楚地看到事情已经偏离自己内心最初的期望，期望降低时，人就会立刻做出混乱的决定。

高效能沟通——任何场合高效说服任何人

2. 在恰当的时候展现说服的目的

通过制造悬念或者新奇的话题勾起对方的好奇心，使对方放松心理戒备，并对你的问题产生兴趣。此时要把你的说服目的恰当地展开，并进行阐述。注意这个过渡要自然、贴切，不能给人以故弄玄虚的印象。

3. 不能脱离主题

在选择诱导别人好奇心的事物时，要注意到它本身与要说服的事情相关联。否则，你制造的悬念成功了，却不能说明什么问题，给别人造成一种悬而不决的感觉，便失去了应有的意义。

总之，在说服他人的过程中，如果你能够成功地引起对方的好奇心，你就已经成功了一半。

第七章

DI QI ZHANG

高效沟通有技巧，

怎么说比说什么更重要

说服要寻找最佳突破点

很多人都不知道要说服对方时该如何开口，尤其是当谈话的对象是陌生人，或是不怎么熟悉的人。如果对方属于沉默寡言的人，谈话就更容易陷入冷场，气氛也可能变僵。

在说服谈话中，寻找话题是打破僵局的首选方法，寻找对方感兴趣的话题便是说服别人的突破点。但有时候，寻找对方感兴趣的话题并不容易，尤其是对他人的了解并不充分的时候。每个人的兴趣都可能很不一样，如有人喜欢足球，有人喜欢旅游等等，每个人所关心和感兴趣的内容可以说是千差万别。

在说服的一开始就寻找对方感兴趣的地方，投其所好地展开交谈话题，这有利于加强彼此的感情。这种话题愈多，对方就越有兴致，较于谈话初始阶段显得放松，此时，趁机进行说服，即使对方是很顽固的人，也会很容易被说服。

有一对夫妻，太太很喜欢游泳，非常想购买带游泳池的房子。

售楼人员一眼看出了太太对游泳池的特殊喜好，于是就抓住这个重点，意欲从这个点突破。

在看房的时候，如果先生说："你看，这房子漏水。"售楼人员就会对太太说，"太太，你看看后面有个多么漂亮的游泳池啊。"先生如果说："这个房子好像在那个地方要整修一下。"售楼人员就跟太太说，"太太，你看看，从这个角度可以看到后面的游泳池。"那么，在这个时候，这个太太就会说："对！游泳池！我对这个房子最看中的就是这个游泳池了！"

由上面的故事不难看出，一旦找到了说服对方的突破点，说服成功的概率就会很大。

在很大程度上，说服的困难在于对方根本不给你说服的机会。所以，这就需要你对说服对象有充分的了解。每个人因为经历、性格、学识、专业、环境、性别等因素的影响，与之相对的心态、兴趣、为人处世等也不尽相同，要想在最短时间内达到说服别人的目的，就要在最快的时间里找到说服别人的最佳突破点。

来自各国的富翁们正在一艘游艇上，一边观光，一边开会。突然船出事了！船身开始慢慢下沉。船长命令大副立刻通知富翁们穿上救生衣跳海。几分钟后，大副回来报告说没有一个人愿意往下跳。于是船长亲自出马。一会儿工夫，只见富翁们一个接一个地跳下海去。

大副请教船长："您是如何说服他们的呢？"

船长说："我告诉英国人，跳海也是一项运动；对法国人，我就说跳海是一种别出心裁的游戏；我警告德国人，跳海可不是闹着玩的！在俄国人面前，我认真地表示：跳海是一种壮举。"

"您又是怎样说服那个美国人的呢？"

"太容易了！"船长得意地笑道，"我只说已经为他办理了人身保险。"

这虽然只是个笑话，但也说明一个道理，那就是要因人而异，找到对方的突破点，精心地选择说话的内容和方式。

在日常生活中要想说服某人，就必须掌握一些说服的技巧和原则，许多人之所以不能说服别人，就是因为他们不仔细了解对方，也没想好该用怎样的表达方式就急忙下结论，还以为"一眼就看穿了别人"。这就像那些粗心的医生，对病人的病情不了解就开药方，病情自然不会得到缓解。

以下几种方法可以帮你在最短的时间内找到说服对方的最佳突破点：

1. 从对方的爱好和兴趣入手

每个人在谈及自己喜欢和擅长的事物时都会滔滔不绝，很感兴趣。所以，从这点入手打开话题，很容易就和对方打成一片，不至于冷场或中断。既可以满足对方的表现欲望、令其尽兴，又能给对方一种知音之感。这时，巧妙地提出自己的说服目的就很容易被对方所接受，从而收到很好的说服效果。

交谈时，如果能选择对方感兴趣的话题，就可能促使双方成为好朋友；相反，如果所谈的内容令对方反感，即使多年老友也会恨不能拂袖而去。因此，在说话前，最好能先了解对方的性格、兴趣，然后配合当时的气氛、实际情况和对方的心情，来调整自己的谈话内容。否则，无论你对某个话题如何感兴趣，有再多的高见，如果对方不想听，你说了也是白说。

2. 从对方的性格和心态入手

不同性格和处世心态的人，接受他人意见的敏感程度是不同的。所以，在说服对方之前，要先了解对方的性格和处世态度就显得尤为重要了。如果对方处于悲观厌世或性格变化起伏期，采用同一种说服方式，说服成效就不会那么明显，所以，应根据说服对象的性格特征和当时的心态，进行有针对性的说服。

3. 从对方的思想着手

一个人产生一种想法，绝不是偶然为之。在这个想法的背后一定有他自己的理由。这些或多或少都与自身利益或人之常情有密不可分的联系。如果能对这些原因有深入的了解，那么就能对被说服者采取有针对性的、切实有效的说服方式，对方也就不会那么固执了。

4. 了解对方的情绪

一般来说，影响对方情绪的因素有以下几个方面：一是谈话前对方因受其他事影响而引起情绪的变化；二是谈话时对方的注意力没有集中起来；三是对方对说服者的看法和态度的变化。因此，在开始说服之前，你要设法了解对方当时的思想动态和情绪状况，这是成功说服的一个关键环节。

凡此种种，都要求说服者要细心观察、用心领会，才能够在说服过程中抓住有效的突破口，对被说服者进行有针对性的说服。

先抬高对方，再进行说服

人人都希望被尊重，被夸赞。要想改变一个人某方面的缺点，你要表示出他已经具有这方面的优点了，那么他就会顺着这个观点往好的结果行事。如果你想说服一个人改变自己的想法，就应先肯定对方想法，给对方一些赞扬，他会格外珍惜这份肯定，从而会不断激励自己要做得更好。

有位太太想聘用一位家政人员，便打电话给那位家政人员的前任雇主，询问了一些关于她以前的情况，可得到的评语却是贬多于褒。等到家政人员报到的那一天，那位太太说："我打电话问了你的前任雇主，她说你为人老实可靠，而且还煮得一手好菜，唯一的缺点就是理家比较外行，家里弄得不太干净。我想她的话并不能完全相信。看你穿戴那么整洁，人人都可以看得出你一定会把家弄得和你一样整洁、干净，并照顾得井井有条。相信你同我也能相处得很好。"

事实证明，她们相处得的确很好，家政人员真的把家整理得干干净净，整整齐齐，而且还非常吃苦耐劳。

你若要在某方面去改变一个人，就把他看成已经有了这种杰出的特质。莎士比亚曾说："假如他没有一种德行，就假装他有吧！"

给他们一个好的名声来作为努力的方向，他们就会不计前嫌，努力向上，而不愿看到你的希望破灭。

抬高别人区别于阿谀奉承、讨好卖乖之类的庸俗言行，它必须是针对对方的实际，把好话说圆，给人以真诚感，令对方心悦诚服。

因此，它是人际交往中一种常用的说服技巧，如果运用得当，对促进人际交往会有意想不到的效果。

而对于那些地位显赫、有权有势的人，想要成功说服他们，更要学会先抬高后说服的策略。

古代，有位宰相请理发师给他修面。那理发师修面修到一半时，忽然停下刮刀，两眼直愣愣地看着宰相的肚皮。

宰相见理发师傻乎乎发愣的样子，心里很纳闷：这平平板板的肚皮有什么好看的呢？就问道："你不修面，却看我肚皮，这是为什么呢？"

"听人们说，宰相肚里能撑船，我方才看了看，大人您的肚皮并不大，怎么可以撑船呢？"

宰相一听，哈哈大笑。

"那是比喻，讲宰相的度量十分大，能容天容地容古今，对鸡毛蒜皮的小事从不斤斤计较。"

理发师一听这话，心里的一块石头终于落了地，这才"扑通"一声跪倒在地，哭着说："小人该死，方才修面时不小心，将大人您的眉毛刮掉了，万望大人大德大量，恕小的无罪！"

宰相听说自己的眉毛被刮了，不禁怒从心起，正想发作，转念一想：刚才自己还讲宰相的度量很大，我又怎好为这件小事给他治罪呢？于是，只好说："不妨，用眉笔把眉添上就行了。"

聪明的理发师以曲折迂回之法，层层诱导宰相进入自己早已设定的能进难退的"布袋"中，避免了一场驾临头上的灾难。

抬高对方可以从很多方面入手：比如对别人随手涂鸦胡乱题词，称之为"稀世墨宝"；本是信口开河胡诌几句，赞美其是金科玉律至理名言；本是五音不全吼几嗓子，夸其为"余音绕梁三日不绝"……，这些都会给对方带来愉悦感和心理暗示，并不遗余力地为此做出努力。

被人抬高，能让自己心情愉快舒爽。所以，在说服别人的过程中，最好能抓住对方引以为豪的长处加以赞赏，必然会因此得到他的好感。要说服他，或者请他帮忙也就不再困难了。

要说服一个人，最好先把他抬高，给他一个超乎事实的美名，就像用"灰姑娘"故事里的仙女棒，点在她身上，会使她从头至脚焕然一新一样。因为给予他人一个美名，有时胜过长篇大论。

抬高别人，就是对别人的能力和品格进行美化，这是说服别人必备的细节。如果要发自内心地真诚赞扬，那就要求自己要善于体察人心，能了解对方最迫切的需求，有针对性地进行抬高和夸赞，那么对方也会礼尚往来地善待你。如果掌握不好，就会弄巧成拙。具体可以参考以下几点：

1. 抬高对方，要结合对方的实际

适当地抬高对方自然有好处，但不能信口开河，肆意吹捧，要结合对方的实际，因人而异。

比如，对于经商的人，你说他道德好，清廉自守，一身正气。这明显很不合适，有明显讨好之嫌，可能会招致对方的厌恶。如果你用经营有方，人际广泛来抬高他，他一定乐于接受。

2. 尊重对方也是一种抬高

只要是正常人都会有自尊心。要是希望对方心甘情愿地认同你，接受你的观点，首先就应该处处重视对方的自尊心。在整个说服过程中，要尊重对方的想法，即使它存在不足，也要在言语中表示足够的尊重，而不能刻薄地直指其中的错误。

只有你尊重别人时，别人才会以尊重的态度对待你。有时甚至要抑制自己的好胜心，借以成全对方的好胜心。

3. 满足对方的成就感

即使对方可能没有什么值得拿出来炫耀的事情，也要对他这个人本身表示肯定。在交谈中用赞许的口吻，选取对方认为最欣慰和自豪的人和事，大加赞赏。假使连这些也找不到的话，就不妨结合对方的特点假设一个优点加在对方身上。

比如："你眼睛真好看，跟某电影明星一样""你笑起来真亲切，像我的家人一样。"等等来成全对方的成就感，对方就真的会认为自己的眼睛像明星的一样或像你的家人。因此，对方就不会对你产生抗拒，从而达到自己说服的目的。

总之，抬高对方就相当于将其送上巅峰，所谓"上山容易下山难"就印证了这个道理，当对方已经站在了某一高度，再下来就不合常理了。

说服领导有技巧

在工作中，可能你常常会遇到这样的情况，领导会经常因为没有预先了解工作中的困难或者对遇到的问题估计不足，而对自己的下属提出一些不可能完成的任务或目标。遇到这种情况，如果你不接受任务，领导会认为你的能力有问题，甚至认为你的工作态度不积极。但是如果你接受了明知无法完成的工作时，局面将会更加尴尬。

面对领导提出的不合理要求，你一定要调整好心态，抱着解决问题的态度就工作与他展开沟通。这时，身为下属的你只有采取合适的方法，才能收到预期的说服效果。

一次，乾隆问纪晓岚："纪卿，'忠孝'二字作何解释？"纪晓岚答道："君要臣死，臣不得不死，是为忠；父要子亡，子不得不亡，是为孝。"乾隆立刻说："那好，朕要你现在就去死。"纪晓岚说："臣领旨。"乾隆问道："你打算怎么个死法？"纪晓岚答道："跳河。"乾隆说："准奏。"

不一会儿，纪晓岚又走回到乾隆跟前。乾隆问道："纪卿何以未死，可是不忠？""我碰到屈原了，他不让我死。"纪晓岚回答。"此话怎讲？"乾隆疑问道。

"我到了河边，正要往下跳时，屈原从水里向我走来，他说：'晓岚，你此举差矣。当年楚王昏庸，我才不得不投江明志；可如今皇上如此圣明，你为什么要死呢？你应该回去先问问皇上是不是昏君，如果皇上说他跟当年的楚王一样，是个昏君，你再死也不迟啊。'"乾隆听后，放声大笑，连连说道："算你能说，且饶你不死。"

纪晓岚在毫不损害乾隆面子的情况下，巧妙地点出他的无理之处，一举令他折服。从故事里不难看出，乾隆是根据纪晓岚提出的"君要臣死，臣不得不死，是为忠"之论叫他去死，此令顺理成章。纪晓岚则迂回出击，主动创造契机，借屈原之口给皇上设置了玄机：承认自己是昏君，他就去死。自然，最终他从容地死里逃生。

由于地位和职务的差异以及隶属关系的制约，说服领导必然不像说服朋友或下属那样容易。只有把握好上下级关系的特殊性，采取得体的口气、恰当的方式和高明的技巧，才能收到预期的效果。

在实际的工作中，如果你想说服领导，首先就应该在维护领导尊严的基础上，要掌握说话的分寸，避免用责问的方式逼他们在言语上承认自己的错误，更不能和他们争辩，要懂得适可而止。

同时，在向领导提建议之前，一定要先弄清楚自己在领导心中的分量。一般情况下，说服的效果与老板对自己的信任成正比关系，否则将适得其反。如果没有足够的把握千万不要冒险去试，以免得不偿失。

某公司为激励员工的工作热情，计划组织员工出国旅游。但业务部的李部长却因这个问题为难。业务部一共十个人，主管业务的黄总却只批了八个名额。李部长决定说服黄总批准业务部全体人员参加这次活动。

　　到了黄总办公室，李部长开口说："您太懂得激励员工这一套管理方式了，我们成为您手下的员工，真是幸运。"黄总说："你太能捧我了吧？"李部长说："不过黄总，可能行政部统计人员的时候把我们部门人员总数弄错了！我们一共有10个人，可只给了八个名额。到时候传达下去，剩下的2个人肯定心里不平衡，这样会影响您多年创造的和谐的企业团队文化，也会影响集体向心力啊！我的建议是，要么都不去，要么都去！"黄总问："那你更倾向什么意见呢？"李部长毫不犹豫地说："激励总比不激励好嘛，既然您都决定花钱了，就不要计较多两个人了。把接待规格和住宿标准稍微降下来，那两个人的钱就出来了，尽量不增加公司的开支预算！"李部长连夸带捧、再加上建议较为合理，黄总自然也就同意了他的主张。

　　由这个故事可以看出，只要自己的意见确保合理，而且说服的时机和方式具有一定的技巧性，领导也就不会再固执己见了。但是，在说服领导时，不要急于求成，要给领导留有思考的时间。相信他们在权衡利弊之后，会做出正确决定的。

　　在工作中，对于领导的指示，一定要认真执行。那么，说服领导接受自己的主张、同意自己的观点要注意以下几点：

1. 顾及领导的情绪，把握合适的时机

说服领导首先要顾及领导的情绪，把握最佳的说服时机。当领导心情不好时，无论多么合理的建议，都很难静心聆听。刚上班时，领导会有很多事情要处理；而快下班时，又会有疲倦心态。所以，最佳的时段应该在领导处理完手头事务，或心情愉悦的时候。参考时段：上午十点左右或下午上班半小时后。总之，应当视情况灵活而定，要选择领导时间充分、心情舒畅的时候，提出自己的意见或建议。

2. 尊重领导的身份，准备充分的说服依据

想要说服领导，前提要尊重领导，领导感受到了尊重，就有利于听得进去意见和建议。对改进工作的建议，如果只凭自己讲讲，是没有太大说服力的。所以应该事先收集整理好有关数据和资料，做成书面材料，借助视觉力量，增加自己的说服力。

3. 换位思考，找出领导的需求

无论说服什么人，都应学会换位思考，了解对方的需求。因为运用角色置换法进行说服是一种很有效的方法，从领导的角度出发，了解对方的难处之后，就能进行有针对性的说服，对于提高说服的概率有很大的作用。同时，换位思考也有助于消除领导的戒备心理，有益于拉近你和领导的距离，为有效的说服领导奠定了基础。

总之，要想说服领导接受自己的意见或建议，就要懂得一定的说服技巧，让领导欣然接受，又能彰显你的工作能力。如果没有足够的把握，千万不要贸然行事，以免适得其反。

抓住说服时机是关键

俗话说："趁热打铁。"说服他人也是这个道理。一个人说话的内容无论多么有哲理，若时机掌握不好，也无法达到说服的目的。因为对方的想法和观点往往会随着时间的变化而变化。

如果想让对方愿意听你的话或者接受你的观点，就应当选择恰当的时机把道理讲给他听。抓住了最佳时机，一语值千金，事半功倍；反之，你说再多也无用。正如一个运动员，如果他在大赛中没有把握住那"决定性的瞬间"，即使平时训练成绩有多好，动作有多标准，金牌仍会与他失之交臂。

秦始皇去世后，丞相李斯受赵高的蛊惑，和赵高一起假造圣旨，害死了公子扶苏，把胡亥推上了皇位，也就是秦二世。胡亥继位后，赵高日益受到宠信，地位不断升高。但李斯身处丞相之职，赵高觉得他对自己的地位构成了威胁，便一直寻找机会除掉李斯。

秦二世执政十分荒唐，整日沉迷淫乐，不理政事。李斯身为丞相，觉得应该劝谏一下，但是，由于胡亥不理朝政，李斯根本找不到机会。于是，李斯找到赵高，想让他想办法。赵高一口答应了下来。

时隔不久，赵高就告诉李斯，说皇上在某某宫，你可以去找他。李斯谢过赵高，找到了秦二世。当时秦二世正在和嫔妃、宫女玩乐，看见李斯来很扫兴，大怒，呵斥他下去。从此，李斯彻底被冷落。

其实，这正是赵高的奸计。他有意在胡亥玩得正开心的时候让李斯去进谏，说一些让胡亥不高兴的话，胡亥能不恨李斯吗？

说服他人能否成功，是受多种因素制约的。其中，能否抓住说服的最佳时机，是至关重要的，你应该把握时机并努力抓住它。

一天，查尔斯·史考伯经过自己的钢铁厂的时候，撞见几个工人正围在一起抽烟。他们显然忘记了公司禁止吸烟的明文规定，或者像很多犯错误的人一样存在侥幸心理。史考伯应该把他们揪出来，然后狠狠地批评他们吗？或者把那块"禁止吸烟"的牌子指给他们看？这都只会让对方感到难堪，并且对史考伯产生怨恨。只见他不动声色地走上前去，发给工人们每个人一支雪茄，并对他们说："我们到外面抽去。"这些工人当然不会跟着史考伯一起出去抽烟，而是对他说："啊，我们忘记公司禁止吸烟的规定了。请您原谅。"然后赶快回到他们的工作岗位上去了。当然，我们能够体会到他们心里的那种复杂的感觉：既为犯了错误而感到自责，又为没有受到惩罚或指责而感到庆幸，同时对史考伯也越发尊敬。他们以后一定不会犯同样的错误了。

因此，在说服他人的时候，不是时候，不到时机，有些话是不能说的。说了，反而会惹上不必要的麻烦。也就是说，要把握说服的时机。

在说服对方的过程中，正确把握说服时机，就要特别注意把时机选在对方情绪比较亢奋的时候。当对方不高兴的时候不要开口，可以等他心情好的时候再谈。只有这样，才能达到更好的说服效果。

一般来说，要想说服他人，最好把握好以下几个方面：

1. 把握好"生物时间"

从心理学观点来看，每个人的情绪都可能受到一种所谓的"生物时间"的支配，每当黄昏时分，人的精神就比较脆弱，容易被说服。

一般说来，女性较男性更为情绪化，当受了"生物时间"不协调的影响时，女性更易陷于不安和伤感。也会有一些人因劳累、遇到不顺心的事或正在把注意力集中在其他事情上时，没有心情来听你说话。所以，在开口说话之前，应先观察对方的脸色和当时所处的氛围，然后再决定是否要开口或应该讲什么内容。

2. 要了解被说服对象的习惯和性格来考虑开口的时机

在开口之前要对被说服对象有所了解，包括对方的生活习惯和性格。按照对方的习惯和情绪考虑自己开口的时机，如果事先对这些不做了解，触到对方忌讳的习惯或碰到对方情绪不好的时候，不但达不到要说服的效果，而且会因此引起对方的不快。就如上面故事里的李斯丞相虽是抱着尽忠的心，却最终被秦二世所冷落和排斥，得不偿失。

3. 对于初次拜访的人应视会面的具体情况把握说服时机

在与对方会面时，应善于观察，从会面场合的摆设或环境开口，以求了解对方喜好或对方当时的心情以及是否空暇等基本情况。再从这些反馈中决定是否开口说服。换而言之，如果从旁敲侧击里得出对方对自己所持的想法或目的暂时没兴趣的话，就要给彼此留有再会面的余地，以寻求再次说服的机会。

虽然以上几方面并不是任何时候都能正确评估被说服者的心理状态，但如果了解了说服最有利的条件，并在可能的时候把握好陈述的时机，对你的说服会有所帮助。

换一种表达方式效果会更好

在日常生活或工作中，常常会听到他人发出诸如此类的怨言："我都说过一百遍了，他就是不听！""我都告诉过你一千遍了，你怎么还是不改？""我嘴皮子都磨出茧子了，可就是没用！"

在劝说他人时，如果自己所说的话已经无法发挥作用，就不要再重复。要知道，即使把它再重复很多遍，还是不会有什么效果。这个时候，你就应当换一种更好的表达方式。一样的内容，表达方式可以有很多种；不同的说法，也可以表达相同的意思。

著名的道学家庄子，有一次去拜访他的同学惠施。当时惠施已经位居相国，他听说庄子要来，以为是来争夺自己的官位的，于是派手下的人去抓庄子。庄子知道了，没有躲避，而是直接到惠施的府上，惠施只好接待庄子。

庄子并没有告诉他自己的目的仅仅是看老同学，也没有急于解释自己无意他的相国地位，只是说："我听说古时候有种鸟，它从东南起飞，又向西北飞去。这只鸟非梧桐不栖、非醴泉不饮、非竹实不食。此鸟在飞行中，看见一只乌鸦对自己喊：'你不要来抢夺我的食物，这个老鼠是我的。'可这只飞鸟一句话也没说，不屑一顾地飞走了。"

庄子说完，惠施满面羞愧。

从这个故事不难看出，如果庄子面对惠施仅是简单的解释，惠施能完全相信吗？说不定惠施还会因猜忌而误杀庄子。相反地，庄子只是用一个简单的比喻，不但说清楚了事实真相，而且还嘲讽了惠施以小人之心，度君子之腹，这就是语言表达的高境界。

尽管所要表达的意思相同，但不同的说话方式会给对方完全不同的感受。这就需要你根据说服对象的不同而选择有针对性的表达方式。

从心理学角度来说，当你说一些有利于自己的事情时，人们通常会怀疑你和你所说的话的动机。而你需要说服对方时，如果换另一种方式去表达有利于对方的事情时，却可以大大消除这种怀疑，让你的说服更有效。在换一种说法前，应增添一些新材料，添加一些新理由，不一样的说话方式会给对方全新的心理体验。

在一家影院门口，按规定不许卖小食品，怕污染环境，影响市容。但却有一位老人一直在此摆摊，街道管理员对此一直睁只眼闭只眼。一天，听说上级领导要来检查工作，影院工作人员小张要求老人回避一下。

小张说："李大爷，你今天把摊子就挪走一回，今天这里真的不能卖东西。"

"以前都能卖，为啥今天就不能卖？"老人很不屑。

"上面的领导要下来检查工作，地面不干净会处罚我们的。"小张加重语气。

"干不干净关我啥事儿啊，地面脏是因为你们打扫得不干净。"老人没好气地回道。

小张看一时无法说服老人，只得悻悻而退。影院门卫王师傅将这一幕看在眼里，他走过来，说道："老张哥啊，你这么一把年纪了，风里来雨里去的，挣点儿辛苦钱不容易。可是这上面领导来视察，真抓着您影响市容的问题罚上一笔，你何苦来呢。再说，领导也不能天天来，可你这生意以后不还得天天做吗。""嗯，听你老王头儿的，我这就走。"老人边说边笑地把摊子挪走了。

在这个看似平常的案例中，却包含着两种劝说方式，目的相同而结果却截然不同。小张之所以没能取得说服效果，是因为他的表达让对方觉得有为自己谋利的意思；而王师傅则用了另一种表达方式，从对方的利益出发，指出有益于对方的方法所在，从而收到了良好的劝说效果。

由此可见，一个人的说服可以用巧妙的表达技巧来增强效果。为了能在劝说别人中取得成果，以下几点值得借鉴：

1. 清楚对方的切身利益

利己是大多数人更愿意接受的方式，只要能将这种心理利用起来，多半的说服都是可以成功的。很多时候自己真诚的劝导说服没能取得成功，多半是缘于没能清楚明确地指出对方的行动给他自己造成的损害。如果换种表达方式，从对方最切身的利益出发，促使对方认真思考，自然就能放弃自己消极、错误的行为。

2. 选用积极的方式和用词

在劝说沟通时保持积极的态度，用语也应当尽量选择体现正面意思的词。例如两个擦鞋童的招呼："约会前，请先擦一下皮鞋吧。"自然比"请坐，我为您擦擦皮鞋吧，又光又亮。"更有益于要去约会的人，在约会中好的仪表给心仪的人留个好印象当然比鞋子的光亮更重要。

3. 以被说服的人为中心

在表达中，要善用"你"，而不是着重强调"我"，要以被说服的人为中心。比如："我认为这样更好"和"你觉得这样是不是更好"相比较，前面一句是把自己的观点生硬地塞进对方的思维里，而后面一句则带有商量的口吻，让对方自己做选择。从心理上来讲，后面一句较于前面一句更易于被人接受。

　　总之，想顺利达成说服的目的，就要选择一种好的表达方式，让你的观点更易于被对方从心底里接受。

"怎样说"比"说什么"更重要

　　一个人的说话方式，可以决定与别人的谈话成功与否。可能会从正面，也可能会从反面去影响人们对其个人综合素质的评价。因此，不论你从事何种性质的工作，与人交谈的方法是促成成功的关键。通常情况下，怎么说远比说什么更重要。

　　说服别人，与别人沟通中关键不在于你说了什么，而在于你用怎样的方式说，对方对你的表达有什么样的感觉。所以，在语言表达时选择什么样的说话方式就显得很有必要了。因为不同的语气和语调，留给对方的感觉也不一样。不论你接受与否，外界对一个人的判断，并不是看他的常识或话语多少，也不全看他讲话内容的好坏，而更多关注的是他讲话的方式。

　　曾经有人说："一个喜欢大声嚷嚷的人，很难让别人明白他究竟说些什么。"因此，说话时不注意说话方式，言词没有分寸的人，往往徒劳无功，甚至会造成无法挽回的后果。

　　有一个公司在年底的时候准备召开全体员工大会，对当年度的工作做一个总结。为了保证会议顺利召开，秘书处的全部人员集中在会议室，研究讨论会议的相关文件。

首先讨论的是秘书长给经理写的年度总结报告。秘书长不愧是公司办公室里的第一支笔，报告写得洋洋洒洒，声情并茂，令人振奋。但在征求意见阶段，秘书小周认为秘书长的报告中因采用的统计方法不正确导致多处数据不准确，直截了当地提出了自己的看法。而秘书长认为他采用的这些数据都是下属各个单位报上来的数据，根本不存在问题。小周自恃自己的统计学专业优势，坚持自己的观点，惹得秘书长很不高兴，脸越拉越长，说了一声"大家先休息一下"，就端着茶杯出去了。

趁休息期间，秘书处的老秘书张大姐过来和蔼地提醒小周说："小周，要注意一下你提意见的方式，当着这么多人的面，用这么理直气壮的语气指责秘书长错了，就像说秘书长"无知"一样。即使你的意见是对的，也应该注意说话的方式。你要知道用什么方式说话，永远比说些什么更重要！"

显然秘书小周对于说服沟通的表达技巧还不熟练，说话的目的不是单纯地证明对与错，而是为了让对方认同自己的观点，达到说服对方的效果。在这个过程中，说话的方式最重要，如果表达的方式不对，即使你说的内容是真理，也很难让人接受。所以说，"怎么说"比"说什么"更为重要。

话是说给别人听的，并不是自己说完了就好。在很多社交场合里，你说话的内容固然是出自真心想为别人好，但是如果用错了表达方法，那你所表达的意思、情感到了别人耳朵里，就可能与你的初衷背道而驰了。下面这个例子也许能说明这个问题：

　　一日，在某药房出现这样的情景，有一位男士十分痛苦地用手捂着牙痛部位，询问营业员是否有治疗牙疼的速效药。营业员找出一种药后告诉男士："这是很多癌症和术后患者最有效的止疼特效药，治疗癌痛效果很好。"男士听后勃然大怒："你咋这么卖药，我是牙疼，又不是癌痛，推荐这种药诅咒我吗？"那位男士当时就愤然离开药房。

　　那位营业员其实是想强调那种药治疗疼痛的效果好，但因为表达方式犯了人们的忌讳，所以惹得那位男士勃然大怒。如果那位营业员懂得说话的技巧，也许就不会有这样的误会产生了。

第八章

DI BA ZHANG

从『心』说服，
把话说到对方的心窝里

以"利"服人

你是否会为他人着想，为他人做一点事呢？几乎所有脱离群体、以自我为中心的人，他们的座右铭都是"人不为己，天诛地灭"，这也就是为什么一旦有人优先考虑他人所托之事时，就会传为美谈，而且备受众人称颂和尊重的原因了。因为这样的人实在是太少！

是的，通常我们行动的目的都是"为自己"，而非"为别人"。如果能够充分理解这一点，那么想要说服他人就有如探囊取物般容易了。只要了解对方真正想追求的利益何在，进而满足他的欲望便可达到目的。

肿瘤患者放疗时，每周测一次血常规，有的患者拒绝检查，主要是因为他们没意识到这种监测的目的是保护自己。

一次，护士小王走进4床房间，说："王大嫂，该抽血了！"

患者拒绝说："不抽，我太瘦了，没有血，我不抽了！"

小王耐心地解释："抽血是因为要检查骨髓的造血功能是否正常，例如，白细胞、红细胞、血小板等。血象太低了就不能继续做放疗。人会很难受，治疗也会中断！对身体也不好。"

患者更好奇地说："降低了又会怎样？"

小王说："降低了，医生就会用药物使它上升，仍然可以放疗！你看，别的病友都抽了！一点点血，对你不会有什么影响的。再说还可以补过来呀。"

患者被说服了："好吧！"

相信很多人都经历过，在说服人或想拜托别人做事情时，不管怎样进攻或恳求对方，对方总是敷衍应付、漠不关心。这时你首先要用利益来唤起对方的关心，然后再说服诱导。在推销方面，推销员为了唤起顾客的注意，并达到80%的购买率，往往是先诱导、后说服。

在英国工业革命方兴未艾时，以发明发电机而闻名的法拉第，为了能够得到政府的研究资助，他去拜访首相。

法拉第带着一个发电机的雏形，非常热心并滔滔不绝地讲述着这个划时代的发明。但首相的反应始终很冷淡，一副漠不关心的样子。

事实上，这也是无可奈何的事情，因为他只是一个了不起的政治家，要他看着这种周围缠着线圈的磁石模型，心里想着这将会带给后世产业结构的大转变，实在是太困难了。但是法拉第在说了下面这段话后，却使原本心不在焉的首相突然变得非常关心起来。他说道："首相，这个机械将来如果能普及的话，必定能增加税收。"

显而易见，首相听了法拉第所说的话后，态度突然有了强烈的转变。原因就是这个发动机，将来一定会获得相当大的利润，而利润增加必能使政府得到一笔很大的税收，而首相关心的就在于此。

在很多人眼里都把利益看成是首要的，那么以"利"服人是一大先决条件。但是，将这条最基本要件抛于脑后的却大有人在，他们没有满足对方最大的利益，一心一意只是想要满足自己的私欲。例如以下这个故事：

日本某酒厂的负责人成功研发了新水果酒，为求尽快让产品打进市场，于是他决定说服社长批准大量生产。

"社长，又有新的产品研发出来了。这次的产品是前所未有的新发明，绝对能畅销。连我都喜欢的东西，绝对有市场性。我敢拍胸脯保证。"

"什么新产品？"

"就是这个，用梨汁酿制的白兰地。"

"什么？梨汁酿的白兰地？！那种东西谁会喝？况且喝白兰地的人本来就少，更甭说用梨汁酿的白兰地……就是我也不会去喝。不行！"

"请您再评估评估，我认为很可行。用梨汁酿酒本来就不多见，再加上梨子有独特的果香，一定很适合现代人的口味。"

"嗯，我觉得还是不行。"

"我认为绝对会畅销……请您再重新考虑一下。"

"你怎么这样唠叨？不行就是不行。"

"好歹也要试试看才知道好坏，这是好不容易才研发出来的呀！"

"够了，滚吧！"

最后，社长终于忍不住发火。这位负责人不仅没能说服社长，反而坏了自己的名声。

该如何做呢？首先应充分考虑对方的利益为何，再考虑自己的利益何在，然后将两者合并起来，找出双方共有的利益所在，最后再着手进行劝说。先不要急着说双方没有共同的利益，一定会有的。重要的是，不要放弃，直到找出为止。

下面我们再看一个例子。卡内基作为钢铁大王却对钢铁制造不甚了解，那么他成功的原因是什么呢？关键就在于他知道如何统御众人。

他知道名字对一个人的重要性。当他还是个孩子的时候，在田野里抓到两只兔子，他很快就替它们筑好了窝，但发现没有食物，因此他想到了一个妙计——把邻居小孩找来，如果他们能为兔子找到食物，就以他们的名字来为兔子命名。

这个妙计产生了意想不到的效果，因此卡内基永远也忘不了这个经验。

当卡内基与乔治·波尔曼都在争取一笔汽车生意时，这位钢铁大王又想起了兔子给他的经验。

当时卡内基所经营的中央能运公司正在与波尔曼的公司竞争，他们都想争夺太平洋铁路的生意，但这种互相残杀对彼此的利益都有很大的损害。当卡内基在与波尔曼都要去纽约会见太平洋铁路公司的董事长时，他们在尼加拉斯旅馆碰面了，卡内基说："波尔曼先生，我们不要再彼此玩弄对方了。"

波尔曼不悦地说："我不懂你的意思。"

于是，卡内基就把心里的计划说出来，希望能兼顾二者的利益，他描述了合作的好处以及竞争的缺点。波尔曼半信半疑地听着，最后问道："那么新公司要叫什么名字呢？"卡内基立刻答道："当然是叫波尔曼汽车公司啦。"

波尔曼顿时展露了笑容，说道："到我的房间来，我们好好讨论这件事。"

我们都知道说服他人要攻其要害，而逐利就是每个人的通病。

一个人可能会同时具有想去相信人，却并不真正相信别人的两种心态。谨慎而顽固的人多持不信任人的态度，并以这种心态来左右自己的行为。他并不是没有相信人的意念，但他更具有希望大家能信任他的强烈意念。对于这种人，先为他设计一套理由："你这么做，不但对你自己，对他人也是有帮助的。"以此来晓以大义将更有说服力，毕竟利益是多多益善的。

譬如，一位买卖宝石和毛皮的推销员对一个正在犹豫不决的主妇说：

"你用这些东西一定能使你更美，而你的先生也会更喜欢你。"

这句话的意义是说你这么做并非全是为了自己，同时也为了你先生。她必定极乐意买下。如果更进一步地说：

"当你买了它，若想脱手也能高价卖出，这样对于你的家又何尝没有帮助？"

对方一听，必定会认为她买下这个东西并非为她一人，也是为了家。对于一个正在犹豫不决的主妇来说，最好的方法是对她说"不仅对你好，对整个家都好"等类的话语，必定很容易将货品推销出去。

这种方法并非只适用于商场。日本古代名人丰臣秀吉有一次想没收所有农民的刀枪铁器等，但遭到了农民们的激烈反对。由于他们受过太多的欺骗，对那些统治者也早已恨透了，此时若以强压手段必引起农民的反抗。于是他便灵机一动说："这次我要将这些没收的武器用来制造寺庙用的器材、铁钉等，使民众得以供奉。并且为了国家、为了全民，更需要百姓专心于耕作上。"于是农民们便都心甘情愿地将武器交出了。

在被劝说者缺乏自信的时候，为了将其导向你所设置的既定目标，必须突出这样的利与得，而这样的害与失最好就避而不谈，这是说服对方所采取的一种策略。

刚柔相济，劝诫更有效

张嘉言驻守广州时，沿海一带设有总兵、参将、游击等官职。总兵、参将部下各有数千名士兵，每天的军粮都要平均分为两份。

参将的士兵每年汛期都要出海巡逻，而总兵所管辖的士兵都借口驻守海防，从来不远行。等到每过三五年要修船不出海时，参将部下的士兵只发给一半的军粮，如果没有船修而不出海，就要每天减去三分之一的军粮，以贮存起来待修船时再用。只有总兵的部下军粮一点也不减，当修船时另外再从民间筹集经费。这种做法已沿袭很久，彼此都视为理所当然。

　　不料，有一天，巡按将此事报告了军门，请求以后将总兵部下的军粮减少一些，留待以后准备修船时再用。恰巧，这位军门和总兵之间有矛盾，于是就仓促同意削减军粮。

　　总兵各部官兵听到消息后，立即哄然哗变。他们知道张嘉言在朝廷中很有威信，就径直围逼到张嘉言的大堂之下。

　　张嘉言神色安然自若，命令手下人传五六个知情者到场，说明事情真相。士兵们蜂拥而上，张嘉言当即将他们喝下堂去，说：“人多嘴杂，一片吵闹声，我怎么能听清你们说些什么。”士兵们这才退下。当时正下大雨，士兵们的衣服都淋湿了，张嘉言也不顾惜，只是叫这几个人将情况详细说明。这几个人你一言我一语，都说过去从来没有扣减总兵官兵军粮的先例。

　　张嘉言说：“这件事我也听说了。你们全都不出海巡逻，这也难怪军门削减你们的军粮了。你们要想不减也可以，不过那对你们并没有什么好处。军门从今以后会让你们和参将的士兵一样每年轮换出海巡逻，你们难道能不去吗？如果去了，那么你们也会同他们一样，军粮会被减掉一半。你们费尽心机争取到的东西还是拿不到的，这些肯定要发给那些来替换你们的士兵。如果是这样，你们为什么不听从军门，将军粮稍微减少一点呢？而你们照样还可以做你们总兵的士兵。你们再认真考虑一下吧！"

这几个人低着头，一时无法对答，只是一个劲地说："求老爷转告军门，多多宽大体恤。"

张嘉言问："你们叫什么名字？"

他们都面面相觑不敢回答。

张嘉言顿时骂道："你们不说姓名，如果军门问我'谁禀告你的'，让我怎么回答？"

这几个人只好报了自己的姓名，张嘉言一一记下，然后对他们说："你们回去转告各位士兵，这件事我自有处置，劝他们不要闹了。否则，你们几个人的姓名都在我这儿，军门一定会将你们全部斩首。"

这几个人顿时吓得面容失色，连连点头称是，退了出去。

后来，总兵部下的士兵竟然再也没有闹事的。张嘉言的这招恩威并施堪称经典。

在说服他人的过程中，采用刚柔相济的劝诫之术，一方面能使别人体面地"退"，另一方面又坚持自己的原则，使自己的主张得到采纳，这种方法为许多事情的处理留有余地。

太史公司马迁在《史记·滑稽传》记载：战国时期，齐威王荒淫无度，不理国政，好为长夜之饮。上行下效，僚属们也全不干正事了，眼看国家就要灭亡。可是就在这种节骨眼上却没有谁敢去进谏，最后只好由"长不满四尺"的淳于髡出面了。但是淳于髡并没有气势汹汹、单刀直入地向齐威王提出规谏，而是先和他搭讪聊天。

他对齐威王说："咱们齐国有一只大鸟，落在大王的屋顶上已经3年了，可是它既不飞，又不叫，大王您知道是什么原因吗？"

齐威王虽然荒淫好酒，但是他本人却和夏桀、商纣等坏到骨子里去的人物有着巨大的不同，所以当听到淳于髡的隐语之后，他就被刺痛并醒悟了，于是很快回答说："我知道。这只大鸟它不鸣则已，一鸣就要惊人；不飞则已，一飞即将冲天。你就等着看吧！"

说毕立即停歌罢舞，戒酒上朝，切实清理政务，严肃吏治，接见县令共72人，赏有功者1人，杀有罪者1人。随后领兵出征，打退要来侵犯齐国的各路诸侯，夺回被别国侵占去的所有国土，齐国很快又强盛起来。

淳于髡并没有以尖锐的语言来进行劝谏，而是避开话锋，柔语细说中又带有一丝强硬与责备，这样对方很容易主动接受建议。

软硬兼施的方法还可以以两种人合作逼人就范的形式来实施。

一位深受青年喜爱的作家的很多作品都被拍成电影，好多人都曾在影院看过经他的原著改编的影片，影院的观众席都挤满了，观众不时为故事的新颖奇妙鼓掌喝彩，就像20世纪30年代的美国人为卓别林的表演忍俊不禁一样。影片是侦探片，而最吸引人的是影片中审讯犯罪嫌疑人的绝妙技巧：警员声色俱厉地质问犯罪嫌疑人，把他逼到山穷水尽的困境；这时又一位陪审的警员出场，他态度十分温和地对犯罪嫌疑人表示信任和理解。

首先犯罪嫌疑人由攻击型的警员来审问，以凌厉的攻势摧毁对方的意志，向他说明他的罪证确凿、他的同伙都招供了等，把他逼到进退两难的边缘。接受了这样的审讯后，有的人会屈服，而顽固的犯罪嫌疑人则会死不认罪。

这种情况下，则派另一位温和型的警员审问他。警员完全站到犯罪嫌疑人的立场上，真心地安慰他、鼓励他"你的兄长都希望你得到宽大处理，希望你为他们考虑"等。对这种软招，犯罪嫌疑人往往会自惭形秽，坦白自己的一切犯罪行为。

无论是在影片中还是现实生活中，使用这种技巧，犯罪嫌疑人十有八九会坦白认罪的。

这种手法是一种奇异的心理法则，又称"缓解交代法"。由温和型和攻击型的两个人合作，一方首先把对方逼到心理的死胡同里去，令他一筹莫展；这时另一个人出来指点给他一条路。这种情况下，对方会自然地奔向那条可以脱身的路了。

将计就计对着说

"请不要阅读第七章第七节的内容"，这是一个作家在他的著作扉页上的一句饶有趣味的话。后来这个作家做了一个调查，不由得笑了，因为他发现绝大部分的读者都是从第七章第七节开始读他的著作的，而这就是他写那句话的真正目的。

当别人告诉你"不准看"时，你却偏偏要看，这就是一种"逆反心理"。这种欲望被禁止的程度越强烈，它所产生的抗拒心理也就越大。所以如果能善于利用这种心理倾向，就可以将顽固的反对者软化，使其固执的态度有180度的大转弯。

某建筑公司的李工程师，有一次折服了一个刚愎自用的工头。这个工头常常坚持反对一切改进的计划。李工想换装一个新式的指数表，但他想到那个工头必定要反对的，所以他想了个办法。李工去找他，腋下挟着一个新式的指数表，手里拿着一些要征求他的意见的文件。当大家讨论这些文件的时候，李工把指数表从左腋下移动了好几次。工头终于先开口了："你拿着什么东西？"李工漠然地说："哦！这个吗？这不过是一个指数表。"工头说："让我看一看。"李工说："哦！你不能看！"并假装要走的样子，还说："这是给别的部门用的，你们部门用不到这东西。"工头又说："我很想看一看。"当他审视的时候，李工就随意但又非常详尽地把这东西的效用讲给他听。他终于喊起来说："我们部门用不到这东西吗？它正是我想要的东西呢！"李工故意这样做，果然很巧妙地把工头说动了。

逆反心理并不是执拗的人才有，有些人总喜欢跟别人对着干，因为他们不愿乖乖服从于任何人。

某报曾登载过一篇以父子关系为主题的纪事文章《我家的教育法》，是说某社会名人的孩子在学校挨了顿骂后便非常怨恨他的老师，甚至想"给他一点颜色瞧瞧"，他父亲听了也附和道：

"既然如此，不妨就给他点颜色看。"但接着又说，"纵使你达到报复的目的，但你却因此而触犯了法律，还是得三思才是。"听父亲这样一说，儿子便取消了报复的念头。

另外还有一个例子。某太太认为她丈夫极不像话，于是便和朋友说她要离婚。她满以为朋友会劝她打消离婚的念头，不料那位朋友却说：

"如此不像话的丈夫还是趁早和他离婚，免得将来受苦。"

这位太太听朋友这么一说，反倒认为："其实，我丈夫也并非坏到这般地步。"而收回了离婚的念头。

据说明朝时，四川的杨升庵才学出众，中过状元。因嘲讽皇帝，所以皇帝要把他充军到很远的地方去。朝中的那些奸臣更是趁机要公报私仇，于是向皇帝说，把杨升庵充军海外或是玉门关外。

杨升庵想：充军还是离家乡近一些好。于是就对皇帝说："皇上要把我充军，我也没话说。不过我有一个要求。"

"什么要求？"

"任去国外三千里，不去云南碧鸡关。"

"为什么？"

"皇上不知，碧鸡关呀，蚊子有四两、跳蚤有半斤！切莫把我充军到碧鸡关呀！"

"唔……"

皇帝不再说话,心想:"哼!你怕到碧鸡关,我偏要叫你去碧鸡关!"杨升庵刚出皇宫,皇上马上下旨:杨升庵充军云南!

杨升庵利用"偏要对着干"的心理,粉碎了奸臣的打算,达到了自己要去云南的目的。

尤其是那些大人物,你对他们提出要求,他们总是会想:我为什么要听任你的摆布,我可是一个响当当的人物!因此,在说服这类人的时候,从反方向着手更容易成功。

小孩子天真、单纯,你说东,他偏往西,这是他们的天性。

某一有名的教育家,他对教不喜欢练小提琴的孩子尤其有办法。在教孩子们练琴时,经常碰到的难题就是儿童学琴意识低落,然而他却能使这些孩子们个个乐意接受他的指导。用逼迫的方式吗?不!因为这种办法只能收到一时之效,并不能持久。而他所使用的"特效药"就是这么一句话:"我想这件事你必定做不好,你还是放弃吧。因为你的技能比人家差,所以你才不想练习。"

你让他放弃,他偏要证明给你看。

只要是从事教育工作的,便经常会体会到这一类情形。尤其小学生更是如此,很少有能够自动进取的,他们常以投机取巧的方式来达到他们偷懒的目的。对于这样的孩子,你若说:"难道你是不喜欢它吗?"这会毫无效用,而要对他们说:"这样的事情对你来说是勉强了点,可能你没办法做得好,因为你的能力比别人差。"

只要这一句话,大多数孩子都会自发地行动起来。

引用典故可以增加说服的分量

典故大都是前人留给后辈的思想文化遗产。经典的文化内蕴博大精深，涉及方方面面。

人们崇尚经典，那是因为经典的语言，常被后人视作明辨是非的指导；经典的人物，常被后人当作效仿的楷模；经典的故事，能给后人留下一部部助益无限的读本。人们崇尚经典之余，还喜欢运用经典。有了经典这种"武器"，无论是行为还是语言便都有了充实的依据。

有许多人在和别人说理时，为使自己的"理"能服人，便以引用经典的方法来补充自己的观点、立场的正确性，增加对手辩驳的难度。辩论也不外乎如此。我们将这种方法俗称为"引经据典，以理穿幽"。

所谓"引经据典"，就是在谈话中根据情况巧妙地引用典故警句、成语、歇后语、故事等，以达到叙事论理引人入胜、生动形象的说服效果。

任何一个说服者都希望自己的说辞能具有感染力和说服力。感染力和说服力来自发散型逻辑思维和妙语连珠的有机组合。引经据典正是以此来增加这种有机结合的分量。这种分量，在言简意赅地明晰自己的观点的同时，也能更坚定自己达到说服目的的信心。

一个温地人去东周都城，周人不准他进去，问他："你是外人吧？"温地人回答道："我是这儿的主人。"可是问他所住的街巷，他却说不上来。东周官吏就把他囚禁起来了。

东周国君派人问他："你是外地人，却自称是周人，这是什么道理？"他回答说："我小时候就读《诗经》，《诗经》里说：'普天之下，没有哪里不是天子的土地；四海之内，没有哪个不是天子的臣民。'现在周天子统治天下，我就是天子的臣民，怎么是周都的外来人呢？所以我说是这儿的主人。"东周君听了，就命令官吏释放了他。

典故、名言、名句都是传统文化的精粹，蕴藏着丰富的思想内涵，有着以一当十的威力，说辩者引经据典如能恰到好处，自然能加重说服言辞的分量，赢得说理的优势。

历史就是一面镜子，用历史的经验和教训作为论据，极富说服力。常言道，"事实胜于雄辩"，而那些经典历史篇章是经过时间考验与广泛评说的前人的实践，是具有压倒性征服力的。

汉文帝时，魏尚做云中太守。当时，匈奴人时常侵扰边塞，使北方诸郡不得安宁。魏尚任云中太守以后，开始整顿军队，积极抵抗，一时声威大震。匈奴人闻知魏尚智勇兼备，轻易不敢进犯云中。一次，匈奴的一支军队进入云中境内，魏尚便率军迎击，打退了匈奴的入侵。由于疏忽，魏尚在向朝廷报功时，多报了6个首级。汉文帝便认为魏尚冒功，撤销了他的职务，并让官吏依法治罪。大臣们都感到魏尚获罪有些冤枉，但是却无法解救他。

一天，文帝看见了做郎署长的冯唐，问他："你是什么地方人？"冯唐回答说："我是赵人。"文帝一听，便来了兴致，说："以前我听说赵国的将领李齐十分了得，巨鹿大战时，威震敌胆。现在，每当我吃饭的时候都会想起他。"冯唐回答说："李齐远不如廉颇、李牧。"原来，赵国在战国时有很多良将，廉颇、李牧是当时十分著名的将军。文帝听后，叹道："可惜，我没有得到廉颇、李牧那样的将才，如果有他们那样的人为将，我就不担心匈奴人了。"冯唐见时机已到，忙说："陛下即使得到像廉颇、李牧那样的将才，也不一定会用。"汉文帝十分惊诧地问道："你怎么知道呢？"冯唐回答说："古时候的帝王派遣将领出征，总是说'大门以内我负责，大门以外由将军治理'。军队里依功行赏，本来是将军们的事，由他们决定以后再转告朝廷。过去，李牧在赵国做将军，所在地的租税都自己享用了，赵王不责怪他，所以李牧的才智得到了充分发挥，赵国也几乎成为霸主。而当今，魏尚做云中太守，其所在地的租税收入，全部用来供养士卒，因此匈奴惧怕他，不敢接近云中的边塞。而陛下仅仅因为6个首级的误差，便将他下狱治罪，削掉了他的官爵。所以，我才敢说，陛下即使有廉颇、李牧那样的将才，也不能够很好地任用他们。"

汉文帝听了冯唐这些话之后，感触良深。当天，就派冯唐拿着符节到云中赦免魏尚，恢复了他云中太守的职位。

在日常生活或处理事务中，引用典故时最好具体一些，这样会更有说服力。

据《贞观政要》载：唐太宗有一匹骏马，他特别喜爱，长期在宫中饲养。有一天，这匹马无病而暴死，太宗大怒，要把马夫杀掉。这时，长孙皇后劝谏道：

"从前，齐景公因为马死了要杀马夫，晏子控诉马夫的罪行说：'你把马养死了，这是第一条罪状；你使得国王因为马的原因杀人，老百姓知道了，必定怨恨国君，这是你的第二条罪状；邻国诸侯知道这件事，必定会轻视我们的国家，这是你的第三条罪状。'结果齐景公赦免了马夫。陛下读书曾读过此事，难道您忘记了吗？"

唐太宗听后，怒气全消，遂赦免了马夫。

现实是，唐太宗的马死了，太宗要处死马夫；历史上齐景公的马死了，要处死马夫，这是何等相似的事。长孙皇后巧妙地引用晏子谏齐景公这一史实，使唐太宗从愤怒中清醒过来，改变了自己错误的决定。

由此可见，在与人说理时引用典故是纠正对手、巩固自己观点的一种绝妙的手法。通过引用典故，让古人替今人说话，让经验为探求者开道。这种手法的妙用，不但能使对手心悦诚服，同时，也让自己更有信心、更有把握地沿着自己所持的正确想法去拓展。

一顶高帽子，"犟牛"变"绵羊"

再固执的人，当被赞扬时都会变得不再固执，他可能会拿出风度乖乖地聆听你的意见。

人人都喜欢听奉承话。但有很多人，当别人称赞他时，他心里得意，嘴上却故作谦虚，满心委屈的样子。而有些人听了赞美，会落落大方地说："谢谢！"

有一则趣闻：一次，达尔文去赴宴，席间，与一个年轻美貌、衣着时髦的女郎坐在一起。

这位美女带点玩笑的口吻向科学家提出问题："达尔文先生，听说您断言，人类是由猴子变来的。我也属于您的论断之列吗？"

如果达尔文严格按科学的原理，大讲物竞天择、适者生存的进化论，恐怕这位漂亮的女士会溜之大吉的。但达尔文与众不同之处在于他的冷静和机敏善辩，他揣测年轻女子爱漂亮的心理，巧妙地来了一句："是的。人类是由猴子变来的。不过，小姐您不是由普通猴子变来的，而是由长得非常迷人的猴子变来的。"说这话的时候，他显得彬彬有礼，煞有介事。美女心中顿时消除了原有的怀疑和反对，并且对达尔文又产生敬佩之意。

如果你希望对方达到什么样程度，不妨赞美他，他一定会朝你希望的方向勇往直前的。

自从塞德默斯来到奇异电器公司任主任管理员后，他管理的部门越来越糟。但老板并不责难他，因为他们了解塞德默斯并非庸才，而是一个很有能力、感觉和思维都十分敏锐的人。他们很有技巧地对他使用了一点机智。

他们使塞德默斯享有两个头衔，一个是职务上的，一个是非职务上的。职务上的头衔是正式的，那就是奇异电器公司的顾问工程师，这是公司内外人人皆知的；非职务上的头衔是非正式的，称他为"最高法庭"，这是促使他的属下称呼他的尊号，表示他是公司生死成败的最高决策者。

果然，没过多久，塞德默斯连续创造出许多电器史上的奇迹，随之，公司的面貌也焕然一新。这个巧妙而有成效的谋略，不是别的，正是赏给头衔的方法。

这种"头衔方法"即指故意抬高一个人的高度，以此达到促其向上的目的。

从孩子的天性，我们可以发现一点：当我们称赞夸奖他们时，他们是何等高兴满足。其实，他们并不一定具有我们所称赞的优点，而只是我们期望他们做到这点而已。在我们与人交往时，何不也效仿这一做法呢？因为不管是大人还是小孩子，他们都喜欢别人称赞自己，如果他们没有做到这一点，内心里也会朝此目标努力，因为他们知道这样就可以得到一个美名，获得他人的赞许。

假如一个好工人变成一个对工作不负责任的工人，你会怎么做？你可以解雇他，但这并不能解决任何问题；你可以责骂那个工人，但这只能引起怨恨。

亨利·汉克，是印第安纳州洛威市一家卡车经销商的服务经理，他公司有一个工人，工作每况愈下。但亨利·汉克没有对他吼叫或威胁他，而是把他叫到办公室，跟他进行了坦诚的交谈。

他说："希尔，你是个很棒的技工。你在这里工作也有好几年了，你修的车子也都很令顾客满意。有很多人都称赞你的技术好。可是最近，你完成一件工作所需的时间却加长了，而且你的质量也比不上你以前的水平。也许我们可以一起来想个办法解决这个问题。"

希尔回答说他并不知道他没有尽他的职责，并且向他的上司保证，他以后一定改进。

他做到了吗？他肯定做到了。他曾经是一个优秀的技工，他怎么会做些不及过去的事呢？

在这个年代，获得一笔巨额贷款是难上加难的事，不过，有人只送了一顶"帽子"，问题就解决了。

约翰·强生是美国的大企业家。1960年，他决定在芝加哥为他的公司总部兴建一座办公大楼。为此，他出入了无数家银行，但始终没贷到一笔款。于是，他决定先上马后加鞭，设法自己凑集起来200万美元，聘请一位承包商，要他放手进行建造，他自己去筹措所需要的其余500万美元。假如钱用完了，而他仍然拿不到抵押贷款，承包商就得停工待料。

建造开始并持续进行，到所剩的钱仅够再花一个星期的时候，约翰恰好和大都会人寿保险公司的一个主管在纽约市一起吃饭。他拿出经常带在身边的一张蓝图，想激起他对兴建大厦的投资兴趣。他正准备将蓝图放在餐桌上时，主管对约翰说："在这儿我们不便谈，明天到我办公室来。"

第二天，当主管断定大都会公司很有希望提供抵押贷款时，约翰说："好极了，唯一的问题是今天我就需要得到贷款的承诺。"

"你一定在开玩笑，我们从来没有在一天之内为这样的贷款进行承诺的先例。"主管回答。

约翰把椅子拉近主管，并说："你是这个部门的负责人，只有你才有足够的权力能把这件事在一天之内办妥。"

主管满意地笑着说："让我试一试吧。"

事情进行得很顺利，约翰在自己的钱花光之前几小时拿着到手的贷款回到了芝加哥。

说服，务必切中要害，用激将法迫使他就范。就这件事来说，要害是那位主管自己的权力观念。

而对于一个女人来说，夸奖她的工作勤劳是她无法拒绝的美誉。

有一天早晨，苏格兰的一位牙医马丁·贵兹裕夫的一位病人向他抱怨她用的漱口杯、托盘不干净时，他真的被震惊了。这表明他的职业水准是不够的。

这位病人走后，贵兹裕夫医生写了一封信给布利特——一位

高效能沟通——任何场合高效说服任何人

一个礼拜来打扫两次的女佣，他是这样写的：

亲爱的布利特：

最近很少看到你。我想我该抽点时间，向你做的清洁工作致意。顺便一提的是，一周两小时，时间并不算少。假如你愿意，请随时来工作半个小时，做些你认为应该经常做的事，像清理漱口杯、托盘等等。当然，我也会为这额外的服务付钱的。

第二天他走进办公室时，他的桌子和椅子擦得几乎跟镜子一样亮。他进了诊疗室后，看到从未有过的洁净。他给了他的女佣一个美誉促使她去努力，使她卖力地把工作做到最好。

避免与对方争论

美国报业大王哈斯特在他还没有出名的时候，就已经雄心勃勃地想要在新闻界占有一席之地。他在自己创办的报纸上发起了一个倡议，其主题是：在全市的电车道上装备救护网，保护儿童。他在自己的报纸上大肆宣传，同时还请美国漫画大师纳斯特为这一活动作画，以吸引读者的注意力。一切进展得很顺利的时候，一个麻烦突然出现了：纳斯特作的画所反映的主题跟哈斯特想要表达的意思正好相反，因此根本不能作为宣传材料。

哈斯特想要纳斯特另外画一张合适的画，但他并没有找纳斯特直接说出来。因为这样一定会引起纳斯特的不满，搞不好还会跟他争吵起来。一天晚上，他邀请了纳斯特一起吃饭，在席间一直不停地称赞纳斯特的画，这当然让纳斯特十分受用。说了一会儿话之后，哈斯特把话题很自然地转移到了电车上，他对纳斯特说：

"我现在一看到电车就很不舒服，因为好像我看到的不是载人的电车，而是一辆辆运送人的骸骨的车。你知道，那些电车道上经常有儿童被轧伤或轧死。而那些开电车的司机，在看到那些穿过电车道的儿童时，似乎大都不怀好意。"

"这个题材很好，"纳斯特说，"我建议你把我以前送给你的那幅漫画撕掉，我会以这个题材重新创作一幅漫画送给你的。"

哈斯特知道争论的结果，因此他并没有直接跟纳斯特争论那幅漫画的对错，而是避免了争论，采取了一种暗示的方法，让对方意识到自己错了，并且主动提了出来。后来，纳斯特用了半个晚上创作的那一幅画，成功地使旧金山全市的电车道上都安装了救护网。

当你打算说服一个人的时候，最愚蠢的方法就是跟对方争论。我们已经知道，几乎没有人会因为争论失败而改变自己的想法。争论确实能够带给你一时的快感，但是却会使你得不偿失。

遗憾的是，有很多人经常犯这样的错误。年轻时候的本杰明·富兰克林就非常喜欢与人争论。当时他与镇上一个小伙子关系很好，两个人在一起的时候，常常争得面红耳赤。他们都非常喜欢辩论，很想驳倒对方，获得片刻的成就感。这种嗜好让他养成了一种习惯，那就是：在和人讨论的时候，他常常会不自觉地去寻求一种与对方不同的意见——不管是对还是错。富兰克林发现，除了一些律师、大学生和一些特别的人外，对一般人而言，这其实是一种非常不好的习惯。就像他，常常因为这种习惯而得罪人。

于是，富兰克林决定改变这种好争论的习惯。当他致力于提高自己的语言水平的时候，他看到了一本分析英语语法的书，其中有一篇关于逻辑的文章，是苏格拉底论证的实例，这让他受益匪浅。不久之后，富兰克林又找到了《回忆苏格拉底》一书，里面有大量的苏格拉底式的论辩的实例。富兰克林接受了这种方法，放弃了率性的反驳和绝对的争辩，从而让自己成为了一个谦逊的提问者和怀疑者。这使得富兰克林彻底改变了自己在人们心目中的形象。

格拉瑞是卡内基口才训练班的学员，他是纽约一家木材公司的推销员。多年来，他都在跟那些冷酷无情的木材质检员打交道。他们常常因为一个小问题而发生争执，有时候甚至吵得不可开交。争论往往是以格拉瑞取得胜利而告终，但是这种胜利却使他和木材质检员的关系冷淡，使公司总是赔钱。在上了卡内基口才训练班的课程之后，他决定改变策略了。

一天早上，质检员打电话给格拉瑞说他们公司的木材不合格，现在已经停止卸货，并且要他马上把木材运回。当卸完木材总量的1/4之后，质检员声称这批木材的合格率仅为50％。因此，他们拒绝接受这批木材。

格拉瑞很快赶到了现场。对方的采购员和质检员看到他之后，马上摆出了一副准备吵架的神态。格拉瑞说："我一声不吭，和他们一起走到了那些已经卸下的木材面前，并仔细地看了看那些木材，然后听了他们的意见。根据我的经验判断，他们又一次犯了错误，因为这种木材是白松。实际上，质检员对这种木材并不熟悉，他最熟悉的是硬木，但是他却自认为对白松木也很内行。而比较而言，我比他更熟悉白松木。

"如果在以前的话，我会马上指出他的错误，并和他进行一场争辩，但是这次我并没有这么做。我对他的木材分类方法没有提出任何异议，而是告诉他们，他们可以把不合格的木材挑出来，我立刻把它们运回去。这一办法果然很有效，他们立即变得热情起来，我们之间的紧张感开始消除，大家的关系也显得很友好。之后，我建议他们重新对这些木材进行检查，并提醒他们白松木和硬木是不一样的。质检员终于承认他其实对白松木没有多少经验，然后虚心征求了我的意见。"

最后，他们接受了全部的木材，给了格拉瑞全价的支票。从那以后，格拉瑞和质检员的关系越来越好，后来还成了朋友。

这种做法的作用多么明显啊！从"敌人"到朋友的转变，只是因为其中一方避免了争论。因此，如果你想要说服一个人，就要避免同对方争论。

任何一个人只要被他人攻击，都会下意识地树立起自我保护的意识。当他受到言语的攻击时也是一样的。因此，争论是不会使对方相信你说的话的。当你想说服对方时，你需要冷静地把事实指给他看，与他从容地交谈。

而且，争论往往会使你失去许多时间和精力，并且也会大大刺激你的血液循环，使你没有办法安静下来去理清事实的真相，或者找到更加完美的解决办法。从这个角度考虑，你也完全没有必要花这么多精力去干那种既没有意义也没有任何好结果的事情。

为了避免跟对方争论，我们在与对方意见发生冲突的时候，需要注意以下这些问题：

欢迎不同意见

不同的意见往往带来看问题的不同角度，这会使你收获不小。一个人往往是从自己的立场出发，根据自身的经验和知识，以自己的价值观判断一件事情或一个人的，所以每个人都很难说自己的看法就是正确的。学会从别人的意见中去发现自己想要的东西，这样你就能够做到尽可能全面地看问题。也许这样，你就不会那么激烈地反对跟你持有不同意见的人了。

了解对方的看法

不要一句话不和，就开始跟对方争论起来。你至少应该听完对方的说话，这样才能明白他究竟想表达什么意思。不要想当然地认为自己能够根据一句或几句话给对方下结论，因为根据一般人的习惯，往往并不会在一开始就表明自己的观点。一开始就打断对方说话，急于下结论，这是没有忍耐力和没有修养的表现。

试着从对方的角度去考虑问题。站在对方的立场上，顺着对方的思路去思考。不要犯偏执的毛病，不要妄自尊大，也不要让别人觉得你纯粹是为了反对他而跟他争论。要让对方意识到，你是在发表意见，而不是在争论。

态度真诚地发表意见

当一个人跟你谈话的时候，他并不是想听你的教训的。你们并不是说教与被说教的关系，而是平等的对话者。和你一样，他也会认为自己的想法是对的，并且毫不犹豫地使自己相信这一点。

如果你确实认为对方是错误的，你是正确的，并且能够确保这种判断不会有什么偏差，那么就用真诚的态度跟他说话。用一点儿技巧避免争论，循循善诱地使他慢慢地相信这一点，让他自己说服自己。

让对方以愉悦的心情与你交谈

威尔逊总统曾经说过这样一段话：

"当你捏紧你的拳头准备跟我说话的时候，对不起，我也会和你一样地捏紧拳头。但是如果你友善地对我说：'让我们一起坐下来谈一谈，看如何解决我们之间的分歧。'这样我也会非常友善地坐下来。这样我们才可以看到，我们之间存在的问题可以得到解决，因为我们的意见分歧不大，并且共同点很多。只要有友善的态度，我们就容易取得一致。"

的确如此。多年的生活经验告诉我，当我想要说服一个人的时候，能够采取的最好的办法是使对方能够以愉悦的心情跟我交谈；而如果我采取的是愤怒、粗暴的态度，对方就会感觉受到了威胁，那么我们多半会解决不了问题。

这个现象很好解释。当我采取的是愤怒和粗暴的态度的时候，那么对方会感到我和他是敌对的关系，我是他的敌人——我们知道，基本上人们都不会听信敌人的意见。对方会不自觉地在我们之间设一道鸿沟，使自己处于绝对的安全之中。我们可以想象，在这样的态度之下，想要说服一个人会有多难。

怀特汽车公司的工人为了增加工资而举行了规模巨大的罢工。公司的总经理卡特先生并没有像多数的老板一样，在这样的情况下采取强硬的态度。他争取使工人们有一个愉悦的心情，从而使他能够跟他们在平和、友善的环境中进行对话。他积极地做了一些事情来做到这一点。卡特非但没有恐吓和威胁工人们，还在报纸上刊登广告，称赞他的工人们是"放下工具的和平者"。他为工人们买了棒球棍和手套，让他们因为罢工无事可做时可以在空地上打棒球；他还租下了一个保龄球室，供工人们在闲暇的时候使用。

他在适当的时候和工人的代表进行了谈话，谈话气氛十分友好。看得出来，工人对公司已经由敌对态度变成了可以谈判解决问题的平和态度。这次罢工在一周内就被解决了，卡特的做法给那些老板们提供了一个十分出色的范例。

史特劳伯觉得自己租的房子租金太高了，想要房东把租金降下来。于是，他写了一封信给房东，说他的房子的租期快到了，如果能够适当地降低房租的话，那么他还打算继续住下去。其他的房客却觉得这个方法根本行不通，因为房东是一个十分顽固和吝啬的人，他们都试过这个方法，结果都失败了。

房东看了史特劳伯的信后，就来找他了。史特劳伯站在门口欢迎他，并且一开始绝口不提降低房租的事情，而是一个劲儿地说他非常喜欢这所房子，他实在不愿意搬走。他还对房东说，他现在已经总结出对这所房子的管理办法了。

这使得房东非常高兴。很明显，从来没有一个房客像史特劳伯这么欢迎他，他甚至都有一点儿不知所措了。

房东对史特劳伯讲他的房客让他感到十分烦心，他对他们都没什么好感。他们总是抱怨这抱怨那，有一位房客甚至给他写了14封信来侮辱他。还有一位房客威胁他说，如果楼上的人还想睡觉的话，办法只有一个，那就是降低房租。

"你真是一个惹人喜爱的房客，"房东对史特劳伯说，"能够遇到你这样的房客，真是让我太高兴了。"

接着，还没等史特劳伯开口，他就主动提出降低史特劳伯的房租，所降的房租比史特劳伯自己想象的还要多。临走的时候，他还提出打算对史特劳伯租的房子进行装修。

史特劳伯的方法十分简单，那就是尽量使对方感到愉悦，从而能够在友好的气氛中进行交谈。

当别人犯了错误的时候，不要气势汹汹地去批评他，这样多半会导致对方的反感和反抗。你应该采用一定的技巧，使对方以愉快的心情与你交谈，这样才会使对方能够被你说服。

我们相信，愉悦的心情会使一个人有勇气承认自己所犯的错误，从而接受批评和建议。而这种心情在多半情况下都必须由对方提供一个很好的谈话环境来获得，因为心情确实与谈话环境有很大的关系。

美国通用汽车公司想要在一个分公司附近新建一处车间。当在附近收购地皮的时候，他们遇到了一个麻烦。这块地皮的大多数主人都肯将其转让，但是有一个叫伊兰特的老太太却拒绝转让。伊兰特老太太所拥有的那块土地，正位于整块地皮的正中央，因此公司必须将其收购。公司派了许多人去"攻关"，但是都失败了。

建筑工期马上就要到了，时间十分紧迫。公司经理弗莱克为了不至于因为这一块土地而影响整个计划，决定亲自去说服这位老太太。出发之前，他精心为自己"打扮"了一番。他戴着一顶破草帽，穿着一件破旧不堪的衣服，出现在了老太太的面前。这位老太太简直把他当成了一个苦工——而这正是弗莱克所希望的，他想使这位老太太看起来更加尊贵一些。

"我是通用汽车公司的一个经理，"弗莱克说，"我叫弗莱克。我从来没有见过像你这么高贵的老太太，我不得不说，你的生活品质比我的高多了。我相信，像你这样的老太太生活在这样简陋而狭窄的屋子里，未必符合你的身份。你应该搬到更加漂亮的地方去，这样才能使你更加体面和舒心。"

老太太才不会理会弗莱克的打扮是不是故意的，或者他的奉承话是不是真心的，但是她的确非常高兴。弗莱克继续和她谈论转卖土地的事情。这时候，老太太已经不像先前那样冷淡了，而且也不像弗莱克的员工所说的那样顽固。几天之后，老太太打电话给弗莱克，决定将她的土地卖给通用汽车公司。而她所提出的价钱，比弗莱克所预计的更是少了一半。

弗莱克用了什么高超的手段吗？没有。他只不过是营造了一种平和的、令对方愉悦的谈话环境。原来看起来好像不可能成功的事情，却因此而变得如此简单！

因此，尽量使对方以一种愉悦的心情跟你谈话，这样会使事情变得更加容易解决。

满足对方的心理需求

拿破仑 26 岁的时候，已经是法国意大利方面军的总司令了。当时，全军正处于军需供应十分紧张的困境之中。但是拿破仑却在这样的时候做出了一个重要决定：攻打通往意大利的要塞，然后占领意大利。在部队出发之前，他向他的士兵们这样演说道："伟大的法兰西的士兵们，我知道你们现在的处境十分困难，我们的共和国亏欠你们太多了。但是，就目前而言，我们的共和国并不能为你们做更多的事情。而现在，我将要带领你们到敌人最富足的地方去。到那里之后，你们将丰衣足食，你们将拥有富饶的城镇和乡村，你们将拥有美好的前景。为了你们美好的生活，鼓起你们的勇气吧！"

拿破仑的演讲激励了那些原本身心俱疲的士兵。最后，他们在统帅的带领下，终于一鼓作气攻进了意大利。《拿破仑》一书的作者雷特伊评论道："正是他的说话魅力，成就了他伟大的事业。"

我们知道，人们做一件事情——无论他有多么高尚——总是为了达到自己的某种目的。这可以说是常识性的知识了。奥福斯教授在《影响人类行为》一书中写道："行动，总是由一定的基本欲望而引起的……不管是在商界、家庭、学校还是在政治界，那些能够引起别人渴求的人，才真正是不败的高手。"我们看到，拿破仑正是因为抓住了士兵们的心理需求，才能发表富有煽动性的演讲，从而在那么困窘的条件下建立战功。

那么，一个人究竟需要什么呢？美国学识最渊博的哲学家之一约翰·杜威认为，人性本质中最深远的驱动力就是"希望具有重要性"，但是这显然还不够全面。一般来说，大多数人都希望拥有以下这些东西：

（1）健康

（2）食物

（3）睡眠

（4）金钱以及用金钱可以买来的东西

（5）未来生活的保障

（6）性满足

（7）儿女的幸福

（8）被人重视的感觉

能够让人做一件事情的办法，就是满足他想要的那种需求。这个道理非常简单，甚至简单到人们容易忽视的地步。据统计，在我们这个号称发达的时代，有90%的人在90%的时间里忽视了它的作用。

用来证明的事例不难找到。下面这件事能够突出地反映出人们对这种常识的忽视。这是广播公司发给无线电代理商的一封信，而括号里的文字则是一位叫作布兰德的部门经理读信时的感受：

"亲爱的布兰德先生：

我们公司希望能够继续保持无线电行业内广告业务的绝对领导地位。"

（你们公司跟我有什么关系？我自己的事情都忙不完：作为抵押，银行正准备没收我的房子；昨天股票大跌，我损失惨重；我的花草被害虫吃得只剩下几根主茎；早上我误了火车，上班迟到了30分钟；我的头皮现在还在发痒，医生说我血压高、有皮炎、头屑多，好像我全身没有一处好的器官。天知道接下来还会发生什么倒霉的事情。一大清早就读到这样的信，简直倒霉透了。这个家伙还在向我絮叨他的破公司，滚他的吧！如果他知道这封信带给我的印象，他肯定会离开广告界，改行去卖消毒液了。这样我就不会读到这样让我烦心的信了。）

"本公司的客户是无线电台。我们每年的营业额是全行业首屈一指的。"

（高高在上，不可一世。那又怎么样呢？你的公司有多大关我什么事？即使你把全世界联合起来了，我也不会管的，我只管自己有多大。你们公司非常大、非常成功，可是，就我自己而言，你们公司简直太渺小了。）

"我们希望把有关无线电台的最新消息及时提供给我们的客户。"

（你们希望！你们希望！你这个不知深浅的家伙。你有什么希望关我什么事呢？我告诉你吧：像你一样，我只对自己感兴趣！但是你却只字不提"您的希望"。）

"你应该把本公司当作优先对象。"

（我"应该"？我应该怎么做用得着你来告诉我吗？你以为你是谁？你自吹自擂，让我把你作为"优先对象"，居然连一个

"请"字都不说。）

"立即回信。告诉我你们最近都有哪些活动，这样对双方都有好处。"

（愚蠢的家伙！这样一封丝毫没有礼貌的复写的信件，就想让我在担心我的房子会被抵押的时候给你写信？真有意思。我们做了什么，用得着告诉你吗？你说说，这样做对我有什么好处？）

你会指责布兰德自私吗？即使是这样，其实我们每个人也都跟他一样。问题的关键在于，这家广播公司发出的这封信——我们知道，都是一样的内容——会收到多大的效果，这是我们可以预料到的。他们在写信的时候没有考虑读者的心理，从不去想别人想要的是什么，而只是大谈特谈自己想要什么。每个读者的心理跟这位布兰德应该都是差不多的。

作家欧文说过："能够设身处地地为他人着想、了解他人的心理，这样的人不必在意自己的前途，因为他们是不会没有前途的。"这句话的确不错。社会交际学上也有一句名言与此对应：先满足别人的需求，然后才能满足自己的需求。

幼儿园的那些老师应该是我们学习的榜样。我曾经在幼儿园开学的时候去过一次幼儿园，成百上千的孩子随着父母前来，再加上孩子的哭声，整个场面显得十分混乱。当时我感到头皮发麻，但是那些老师却镇定自若。我曾经问过一个幼教是怎么处理这些问题的，她说："这一点都不难啊！"

她的回答让我吃惊。如果换作是我，我会认为这简直是天底下最难做的事情了。于是我问她："对于那些初来的孩子，他们总是有很多麻烦事，比如大小便、哭哭啼啼、害怕，等等。你们是怎么应付的呢？"

"只要你知道了他们的心理，知道他们需要什么、对什么感兴趣，这些就都不是问题了。"那位老师回答道。

这位老师接着告诉我，孩子们经常需要家长陪同来上课，但是如果老师说："约翰，你看玛丽都不需要妈妈陪同了，你让妈妈留在家里，给你做最好吃的午餐怎么样？"这样，小约翰多半就会主动要求不再让妈妈陪同来上课了。而应付那些爱哭的孩子，老师会说："杰克，你看大家都没有哭，就你一个人在哭了。等一会儿，我会给那些不哭的孩子发一块好吃的蛋糕。"那个孩子会马上停止哭声。

同样的道理对大人当然也很适用。律师威廉·埃米尔就因此而得到过"意外之财"。那是他头一次陪着自己的妻子去长岛看她的姑妈，妻子有事离开了，剩下埃米尔一个人陪着姑妈聊天。因为他看到独处的姑妈实在没有多少快乐可言，于是就想办法使她高兴起来。

"你的这座房子非常古雅，"埃米尔说，"是不是建于 1890 年前后？"

"是的，"姑妈回答说，"正是那一年建造的。"

"拉苏尔以前就经常跟我描述你的房子，我开始还很怀疑，现在我却一点儿都不怀疑了。现在已经没有房子像这座房子这么漂亮了。它的设计结构简直太完美了！它让我想起了我的老家。"

"是啊，"姑妈说，"不过，现在的年轻人并不关心这些，他们只需要冰箱和汽车。"

埃米尔请求姑妈给他讲一讲这座房子的历史，因为人往往在谈论自己往事的时候最快乐。果然，姑妈同意了。她很高兴地告诉他：这座房子是她和丈夫亲自设计的，然后用了很多年的时间才建造完成，而它也见证了他们的爱情，凝聚了他们的理想和希望。

姑妈然后领着他参观了这座房子的很多古老的房间以及各种器具，埃米尔表示了自己由衷的赞叹和惊喜。最后，他们来到了车库，埃米尔看到了一辆全新的凯迪拉克轿车。

"这部车是我丈夫去世前不久买的，"姑妈说，"在他死后，我再也没有开过它。现在，我打算把它送给你。"

这让埃米尔感到十分意外，他并不想接受这么贵重的礼物，况且他也没做什么。他建议她把这部车留给她的直系亲属，他们一定会喜欢的。

"当然，"姑妈激动地说，"他们当然会喜欢。他们巴不得我马上死去，然后开走这辆轿车。可是，他们是不会得逞的。"

"这样……"埃米尔为难地说，"你也可以把这部车卖给旧车市场。"

"决不！"姑妈喊了起来，"我决不会卖掉它的。我无法想象一个陌生人坐在我丈夫的车上，开着车到处乱跑的情形。况且，我要钱做什么呢？你是一个懂得欣赏的人，我才会把它送给你。"

埃米尔无法再拒绝姑妈的好意，因为这会让她伤心。

我们可以想象，一个住在古老的房子里的老太太，她心里最需要的是什么？她的精美的房子、贵重的文物，这些东西代表着她的过去。如果有人对她赞美和欣赏，就表示了对她的过去的赞美和欣赏，而这正是一个人最想要得到的东西。也许在她看来，只送给埃米尔一辆汽车还不足以表达她的感激之情。这一切，只不过是因为埃米尔满足了她的心理需求——即使他并不想得到什么。

斯通就是通过这种方法创办了芝加哥《每日快讯》，并且赢得了许多读者的。他把该报的读者按照收入的多少分为4个层次，在每个层次中选择了4 000个读者，针对他们进行了详细而深入的调查。他对他们所感兴趣的、所希望的以及对该报的态度、建议和批评等，都进行了详细而深入的分析和总结。通过这样的研究，他对这些读者需要什么、对什么感兴趣都有了一个十分全面而深入的了解，并将其用来指导办报。这正是这份报纸的成功秘诀。

《波士顿报》的创办者格鲁吉也是运用同样的方法让报纸的发行量与日俱增的。他在创办自己的报纸之前，只是一个默默无闻的记者。报纸创办之初，他每天都到人群中去闲逛——要么叼一支雪茄听大家讲各种事情，要么跟别人聊天。他通过这种方式知道了读者们感兴趣的事情，了解了他们的需要。这些东西对一份报纸甚至对整个商业运作而言，都是极为重要的。